# Tujie Tianxia
# Mingren Congshu

图解天下名人丛书　　本书编写组◎编

## 凡·高

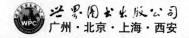

世界图书出版公司
广州·北京·上海·西安

**图书在版编目（CIP）数据**

凡·高/《图解天下名人丛书》编委会编．—广州：广东世界图书出版公司，2009.6（2024.2重印）

（图解天下名人丛书）

ISBN 978－7－5100－0693－7

Ⅰ．凡… Ⅱ．图… Ⅲ．凡高，Ⅴ．（1853～1890）—传记—画册 Ⅳ．K835.635.72－64

中国版本图书馆 CIP 数据核字（2009）第 103050 号

| | | |
|---|---|---|
| 书　　名 | 凡·高 | |
| | FAN GAO | |
| 编　　者 | 《图解天下名人丛书》编委会 | |
| 责任编辑 | 张梦婕 | |
| 装帧设计 | 三棵树设计工作组 | |
| 出版发行 | 世界图书出版有限公司　世界图书出版广东有限公司 | |
| 地　　址 | 广州市海珠区新港西路大江冲 25 号 | |
| 邮　　编 | 510300 | |
| 电　　话 | 020-84452179 | |
| 网　　址 | http://www.gdst.com.cn | |
| 邮　　箱 | wpc_gdst@163.com | |
| 经　　销 | 新华书店 | |
| 印　　刷 | 唐山富达印务有限公司 | |
| 开　　本 | 787mm×1092mm　1/16 | |
| 印　　张 | 12 | |
| 字　　数 | 160 千字 | |
| 版　　次 | 2009 年 6 月第 1 版　2024 年 2 月第 10 次印刷 | |
| 国际书号 | ISBN　978-7-5100-0693-7 | |
| 定　　价 | 59.80 元 | |

# 前 言

文森特·凡·高（Vincent van Gogh 1853～1890年）出生于荷兰宋德尔特村一个新教牧师之家，24岁之前，曾在海牙、伦敦、巴黎等地的古匹尔画店当店员。由于求爱失败，使他积蓄的感情受到打击和压抑，产生一种为了拯救自己也为了拯救一切痛苦灵魂的信念和寻求神灵的愿望，于是投入了宗教的怀抱，决心做一个牧师。他在比利时西南部的博里纳日矿区传教，后因同情和支持穷苦矿工，为其申诉而被解职。凡·高之所以成为画家乃是为了解决撕裂他灵魂的内心冲突，是为了对生活中遭受的挫折进行自我解脱。

1880年以后，27岁的他到处求学，向比利时皇家美术学院求教，向荷兰风景画家安东·莫夫学画，但最后还是决定自学。他克服种种困难，努力按照自己的认识来表现世界。在33岁以前，他的作品还处于探索的时期，代表作有《吃土豆的人》、《纺织工》等。他在印象主义和新印象主义影响下创作的风景画如《塞纳河滨》、《带烟斗的人》等，是转折时期的作品。1886年，凡·高来到巴黎，结识了图鲁兹·劳特累克、高更、毕沙罗、修拉和塞尚，并参加印象主义画家们的集会，从而使艺术眼界大为开阔，开始以完全不同于过去的方法作画，画面色彩强烈，色调明亮。1888年10月，高更应邀来阿尔勒与凡·高同住，可是，由于性格不和与艺术追求不同，他们之间很快出现矛盾，甚至不能相互容忍，合作不欢而散。

这一时期是他艺术风格形成的最重要的时期，南国的强烈阳光和阳光照耀下的市镇、田野、花朵、河流、农舍和教堂，使他禁不住一遍又一遍地高喊："明亮一些，再明亮一些!"

凡·高创作的成熟时期是1888年35岁到阿尔勒以后，他受革新文艺思潮的推动和日本版画的启发，大胆地探索、自由地反映内心感情，追求线条和色彩自身的表现力，追求画面的平面感、装饰性和寓意性。在阿尔勒期间的名作有《向日葵》、《邮递员鲁兰》、《椅子和烟斗》、《咖啡馆夜市》等。

　　凡·高走进绘画，严肃而狂热地研究一切画理画法，生活就靠弟弟资助。他害怕疾病再次发作，一种无言的悲伤侵入他的心。1890年7月27日，他走进一片成熟的麦田，面向太阳，向自己的胸膛开了一枪，两天后即去世，时年37岁。凡·高死后，弟弟德奥痛苦万分。六个月后，1891年1月25日，德奥去世了。他们被共同葬在了奥维尔墓园。

　　凡·高生前并未得到社会的真正承认。凡·高作品中包含着深刻的悲剧意识，强烈的个性和形式上的独特追求，这些作品突出地追求自我精神的表现，一切形式都在激烈的精神支配下跳跃和扭动。正因为他远远地走在时代的前面，所以，难以为当时的世人接受。但是，他对西方20世纪的艺术具有深远影响。充分认识作者主体在创作过程中的作用，自由地反映内心的感情，在油画创作中吸收和撷取东方绘画的因素等——这是凡·高的艺术对后人的启示。法国的野兽主义、德国的表现主义，以至20世纪初出现的抒情抽象派，都曾受益于凡·高的艺术。他是继伦勃朗之后荷兰最伟大的具有世界性影响的画家。但是，当他还活着的时候，只卖出过一幅画。

# 目录

## 忧郁的少年

## 出路在哪里

# 目录

# 目录

# 忧郁的少年

　　人必须真正地爱他的同类,我要尽可能地使自己具有这样一颗心。让我沿着我自己的道路奋斗吧,千万不要丧失勇气,不要松懈。

——凡·高

# 忧郁的孩子

荷兰的宋德尔特村，是个穷乡僻壤，田野里看不到色彩鲜艳的郁金香。 村民的生活和周围的风景，全都呈现出一片灰色、忧郁和沉静。

在村里那条笔直的道路旁，有一栋外表豪华的小小的牧师公馆。 牧师名叫德奥特·凡·高。

在荷兰，凡·高家族是个著名的古老家族，其间，曾出现过很成功的美术商和军人，有过一段辉煌的岁月。

宋德尔特村

不过，这位德奥特牧师既无杰出的才能，也没有卓越的辩才，每次布道或说教，都显得笨拙而无生气，内容也很平淡。虽然他忠于职守，而且做事谨慎，但内心缺少那种燃烧的热情。

为此，有些亲友们曾失望地表示说："德奥特的地位到此为止，恐怕再也无法攀升了。"

不过，村民们倒很欣赏他温和的性格，只要他表现出温和的眼神、开朗的胸怀和亲切的态度，任何人都会很愿意接近他。

这位德奥特牧师 27 岁时(1849 年)才搬到邻近比利时国境的宋德尔特村来。 过了两年，就跟一位比自己大 3 岁的荷兰姑娘——安娜·柯内利亚·卡尔贝特丝结婚成家。

这位牧师妻子出身于很体面的家庭，父亲担任荷兰第一部宪法的王室附录制作工作，可惜，她们一族人的健康状况都很糟。

她有一位兄弟因癫痫病发作而早亡。 这种病症是会遗传的，

凡·高祖父

从安娜·柯内利亚身上似乎也能隐隐约约看出若干这方面的迹象。 她虽然平时看上去性情温和，无奈脾气暴躁，又多愁善感，有时会显得有点歇斯底里。

幸好家庭生活还算平静，全家人都能过着愉快的日子。

安娜·柯内利亚一向工作勤勉，主持家务时能够量入为出。她喜欢在庭院里种植蔬菜和果树，每当夏季来临，他们家的房子周围就会盛开着各种鲜花。

当他们在宋德尔特村生活习惯了以后，这对年轻的牧师夫妇便经常去探访病患和穷困人家，并且多半都会带些小礼物送给这些人家。

不久，他们生下了一个男孩子。 牧师对他的妻子说："既

Fangao 凡·高

然是个男孩子，给他取名为文森特怎么样？"

"为什么？"妻子问道。

"因为文森特这个名字，跟我们家成功显耀的祖父布雷达和哥哥哈古的名字相同。而且，还含有'胜利者'的意思，文森特·凡·高这个孩子，一定能够光耀门庭的。"

"既然如此，那就取这个名字好了。"妻子高兴地同意了。

不料，这个不幸的男孩仅活了 6 个星期就夭折了。牧师和妻子十分悲痛，他们把孩子的尸体埋在附近阿拉伯橡胶树下的墓地里。

幸好，没有多久安娜又怀孕了，无论如何，这次一定要培育出一个聪明伶俐的孩子。他们以无限的热情，期待着这一天的到来。

秋末之后，就是严寒的冬天，宋德尔特的天空阴郁灰暗，太阳似乎也从地平线上消失了。一月、二月、三月……牧师和妻子焦急地等待着。

1853 年 3 月 30 日，距离长子文森特的诞生刚好满一周年，孩子呱呱落地了。他们的出生日期竟然完全相同，真是不可思议地巧合！为了纪念夭折的长子，他们给这个孩子仍然取名为文森特·凡·高。

这家牧师公馆，后来又接连生下了 5 个孩子，一家人非常热闹。1857 年 5 月 1 日生下的男孩，沿袭父亲的名字，叫做德奥特，也就是小德奥。

接着又有两个女儿，伊丽莎白和温美娜出生了，最后的一个是男孩，叫做科尼利斯。小小的牧师公馆整天都能听到孩子们的哭闹声。

"你们安静点好不好？爸爸还要准备明天的布道呢。"

德奥特牧师常常不得不这样呵斥这群孩子，大家虽然会马上沉默下来，但只要有叽叽咕咕的说话声或轻微的笑声，孩子们就会又跟着吵闹起来。

只有一个孩子不需要父亲大声呵斥，那就是文森特。

这个儿子脾气大得很，平时沉默寡言，一旦发起脾气来，就会使父母束手无策。然而，父母对他并不苛责，因为父母亲在失去存活仅6个星期的儿子后，心情十分悲痛，一直到生下这个文森特，才填补了他们空虚的心灵，所以对他特别宠爱，即使在他犯错的时候也很少责备他。

一天，外祖母从普雷达来到他们家，看到文森特的坏脾气正在发作，实在是忍无可忍，于是顺手给这个小淘气一巴掌，愤怒地说："像你这种坏孩子，非给你一点教训不可！"

接着她就把文森特推出门外，回过头来对女儿安娜说："我养过12个孩子，从来也没有看见过这样任性的家伙，你们应该好好管教他才行。"

凡·高母亲的画像

安娜听了默不作声，文森特只跌了一跤，就气得整天不肯开口说一句话，谁也劝不了他。

德奥特牧师眼见这个情况，就慌慌忙忙地把他抱上马车，父子俩一起到附近的山丘上去游玩，好不容易使他的宝贝儿子开心起来。

8岁那一年，文森特曾经到庭园的苹果树上画了一只猫的素描给母亲看。

"哎呀，画得不错嘛，快拿给弟弟看看。"

文森特一听到母亲的夸奖，反而觉得不好意思，顺手把这张素描撕毁了。

还有一次，他用黏土捏了一个小小的人像，当家人拍手赞赏的时候，他却立刻把它摔坏了。

这两件童年的小事情，母亲安娜到老时都记得非常清楚。

## 与画结缘的童年

凡·高自幼成长在一个与绘画相关的环境里，除了母亲教他素描和水彩画，家族中还有很多人从事与绘画相关的工作。

凡·高出生时，他的3个伯父都是著名的美术商人。二伯父亨德利克·文森特在阿姆斯丹开画廊，后来迁到布鲁塞尔；三伯父在阿姆斯特丹经营一家很有名的大画廊；与凡·高同名的另一个伯父最初在海牙卖绘画材料，没几年时间，就成为欧洲著名的画商，当时世界最大的巴黎画廊——古比尔公司与他订立了合同。凡·高与弟弟提奥最早就是在伯父的店里，即海牙的古比尔公司工作。

凡·高的童年曾随着富裕的伯父们住在豪华的别墅，那里有丰富的绘画收藏。虽身处艺术氛围浓厚的环境中，凡·高小时候的画作却没有特别的表现。从他在10岁以前所画的素描《狗》、《草束》、《牛奶瓶子》、《桥》等速写作品可以预见凡·高在素描上所表现出的强韧力，但还无法看出他的个性。素描《狗》由于线条果断而准确，以致于有人对这幅作品的真伪产生怀疑。但这种良好的绘画环境，造就了他善良的品格和对自然界、对动物、花鸟的倾心关爱和感性认识。这环境影响了他为爱情、友谊、艺术而献身的一生。

# 兄弟之间的情谊

**文**森特是个很安静的孩子。他平时不跟弟弟妹妹争吵，喜欢一个人到野外散步，欣赏花草，观察昆虫。

他的妹妹伊丽莎白后来写了一本书《回忆哥哥凡·高》，其中有一段话，正是描写当时的文森特：

大哥不说一句话，匆匆地从我们面前经过。只见他走出庭院，经过牧场，就在前往河川的路上消失了。

凡·高的妹妹

不过，我们心里都明白大哥要去什么地方，因为大哥手上拿着一个玻璃瓶和一张渔网。虽然如此，但没有一个人会和他说："也带我去吧。"

事实上，谁都知道大哥绝不会带我们一起去的。

对于捕捉水中潜伏的鱼类和昆虫，大哥很有一套本领。不管大小，或任何形状鱼类和昆虫，都逃不出大哥的手掌。

回家以后，大哥把他捉来的一条条鱼类和昆虫很小心地放进小盒子里，再把它们排在一张白纸上，分别用清楚的法文字给它们取名，这些名字是很难让人记住的，只有大哥才有本事记住它们。

大哥平时绝不接近村里的人，他常常跑到原野或森林里去观察植物的萌芽，以及小鸟的生活习性。

尤其对于小鸟的生活动态，他了如指掌。他知道什么鸟住在何处，过着什么样的生活。倘若看到一群云雀飞到麦田里，他立刻就能猜出它们将会停在何处，做什么事，结果往往全都像他说的那样。

大哥的这些本领，可能是因为大自然在他的耳边悄悄地告诉了他不少秘密吧。

弟弟德奥的出生让小凡·高似乎一下子找到了终身的伙伴，找到了生命希望的寄托。尽管他已经有了大妹妹安娜，德奥之后还有二妹妹伊丽莎白、小妹妹威廉明娜，甚至后来还有最小的弟弟科尼利斯。但从德奥出生开始，小凡·高就对自己的这个弟弟表现出格外的喜欢。

德　奥

哥哥文森特死后，小凡·高作为弟弟来到人间；而现在，弟弟德奥来到人间，可他作为哥哥却仍然活着。哥哥的死亡和弟弟的诞生之间，对小凡·高而言，形成了难以言说的微妙关联。它在很大程度上影响了凡·高对弟弟德奥的态度，决定了他与弟弟德奥的关系，甚至影响和决定了他的整个生命。

兄弟俩打从德奥磕磕绊绊学走路开始，就像双胞胎一样形影不离。这甚至让凡·高的大妹妹安娜感到些许妒嫉，因为在儿童时代，她不时会遭到凡·高的戏弄，而德奥却从来没有被凡·高欺负过。

和哥哥凡·高相比，德奥长得比较瘦小，肤色有点苍白，但他和哥哥在一起时总是兴致勃勃的。凡·高经常带着德奥去郊外游玩。宋德尔特的阳光是那么灿烂，走在身边的弟弟德奥脸上的笑容也是那么灿烂。

凡·高是个不太爱说话的孩子，但在弟弟德奥面前他总有说不完的话。而德奥也总是安静地走在凡·高身边，听凡·高讲各种各样奇奇怪怪的话。凡·高向德奥绘声绘色地描述远处麦田里的风景；指给德奥看自己在石楠丛里发现的甲虫，还有沟渠边刚开的野花。

去郊游时，凡·高有时候会带上自己的速写本。他不是很愿意让别人甚至包括自己的妈妈翻他的本子，但凡·高总是很乐意让德奥对他的画品头论足。每次德奥对凡·高的作品提出修改意见，凡·高都会欣然接受。德奥从不怀疑哥哥凡·高发现美的能力，他看过凡·高的一些速写和临摹的石版画，在德奥的心目中，和他最亲近的哥哥是个了不起的人。

父亲德奥特和母亲安娜一直希望自己的孩子能受到良好的教育。于是，在凡·高8岁的时候，他被送往宋德尔特当地的乡村小学读书。但是因为一个意外的原因——学校的校长被指控酗酒，学校被关闭了，凡·高才读了一年就中断了学习。回家后，他就一直在父母的指导下自学。凡·高对此一点都不在乎，因为这样，他就有更多的时间和弟弟德奥一起在宋德尔特的原野上玩耍了。

兄弟俩怎么会忘记在宋德尔特度过的童年啊！他们忘不了那儿层层的麦浪，忘不了田野上高高的相思树，还有那像巨人一样伸着长长胳膊的莱斯维克老磨坊的风车。就在那个老风车下，凡·高和德奥互相击掌盟誓："让上帝作证，让老磨坊的风车作证，让宋德尔特的麦田作证，我们发誓，我们一辈子都是好兄弟，永不背叛。"

温热的风掠过了田野，白色的云朵在碧蓝色的天空里变幻出各种奇特的形状，在地面上投下了多变的影子。莱斯维克老磨坊的风车开始转起来，轮子和磨石发出吱吱嘎嘎的声音，好像也在轻轻地回响："好兄弟，好兄弟……"

弟妹们暗地里很怕这位大哥。他有着红色的卷发，眼神有时呈青色，有时发出哀怨的光，虽然是一副骨瘦如柴的身体，但在感觉上却有一种看不见的粗犷的力量，使人望而生畏。

文森特·凡·高的确遗传了很多母亲方面的特质，因为他像母亲一样倔强，有时竟表现出不可理喻地固执。

往往因为一点儿小事，他就会大发脾气，全身颤抖，到底他心里盼望些什么？谁也不知道。当然，他自己也不明白。有时候，他会莫名其妙地表现出狂热的态度，把癫痫的特性表露无遗。接着，他又会懊悔万分。

凡·高就读于村里的小学时，因同学都来自贫穷的农家和纺织工人的家庭，言行自然比较粗鲁，文森特很快就被感染了。

他常常跟同学吵架，不守校规，反抗老师。在这种环境里他把癫痫的特质充分地表现了出来，全校师生对他都伤透了脑筋。

班级老师经常到牧师公馆来，向德奥特牧师诉苦说："像这样下去，我会被凡·高搞惨的，不知你们有没有什么办法？"

老实的德奥特牧师无可奈何地回答说："我知道这个孩子经常麻烦老师，心里也很过意不去！其实，这个孩子的本质并不坏，有时也很温顺……"

"他会温顺？只有天晓得，他简直像个野蛮人。"

"既然如此，干脆让他退学算了！"

凡·高的本质果真很温顺吗？也许是德奥特牧师站在父亲的立场说出的偏心话。不过当他在孤独的时候，的确曾出现过这种特性，这是他弟弟德奥告诉父亲的。

那时候，德奥偶尔看见大哥的亲笔画，例如花朵、桥梁、狗、风景……啊！这些图画居然充满丰富的色彩和细腻温柔的情感，根本不像野蛮人画的。

德奥心里暗自忖思："唯有在这些画里面，才能发现真正的大哥。"

听到大哥被人讥讽为野蛮人，他就忍不住对大哥产生一种亲密的情感。

同样，凡·高也能感受到弟弟的心情，于是，内心里突然间对比自己小 4 岁的弟弟，产生了一股浓厚的喜爱之情。

"德奥，我要出去散步，想不想跟我一起去？"文森特难得发

德奥

出一次邀请。

兄弟两人绕着宋德尔特附近的原野、池塘和小河边散步。这时候，凡·高一面指着花草、昆虫、鱼、鸟和树木，一面好像泄露秘密似的，说出它们的名称以及生活动态。

德奥感到非常吃惊，那些平时看在眼里，不觉有什么稀奇的东西，从大哥嘴里说出来时，竟会如此新鲜，而且充满生命的跃动。

两人来到河边的柳树下，拿出钓竿来垂钓。 只见凡·高时而好像进入梦幻似的，眺望着天上飘浮的云朵；有时候目不转睛地注视着水面上被微风激起的波纹。

"哥哥，你看，有鱼上钩了。"

不管德奥如何催促，凡·高好像没听见似的默不作声。

"大哥呀……"

凡·高这才突然仰起头来，顺手拉起渔竿，一面检查鱼钩，一面失望地喃喃自语着。

"怎么这样性急呢？我以为什么鱼在抽动，原来是鱼钩被树枝钩住了。"

德奥心里暗想："还是大哥的性情温和，又有耐性。"

从这时候起，德奥对大哥怀有一种怜悯和爱惜的心情，这种心情虽然也时有起伏，但却一直没有改变。 兄弟俩的感情，也与日俱增。

★ 资料链接 ★

### 弟弟德奥

德奥是凡·高生活中的唯一支柱。 凡·高一生中始终和弟弟保持着亲密的关系，但凡·高未曾充分意识到德奥在精神和物质上给予他的支持。 他们的关系也并非一直很完美，有证据表明他们之间也有过摩擦和不愉快，特别是1886年到1888年初凡·高和德奥生活在巴黎的那段日子。尽管如此，德奥并没有动摇支持兄长的决心。如果没有德奥，我们永远也看不到凡·高如此多的杰作。

德奥对其兄长无私的支持使凡·高的伟大作品得以永远留传后世，为世人铭记。此外，兄弟俩之间的大量通信也可以帮助我们理解凡·高的作品及其内心世界。

# 艺术人生的启程

**凡**·高中途离开小学以后就一直待在家里，由于家里弟弟妹妹愈来愈多，孩子们共同居住的阁楼也越来越拥挤。凡·高每次倒在床上，就会觉得自己和阁楼倾斜的天花板又贴近了一些。

父亲德奥多勒斯和母亲安娜也开始为孩子们发愁了。凡·高都已经 12 岁了，失学后，他一直在父亲的指导下在家学习一些课程。可是父亲在教区内的工作开始繁忙，经常无暇顾及凡·高的学习。

不过，这两天他们很高兴，因为他们终于给凡·高找到了一所好学校——简·普罗维利私人寄宿学校。这所学校教学秩序良好，开设了英、法、德 3 门语言课程，特别让父亲高兴的是，学校还开设了宗教学习课程和文学阅读课程。这些都是凡·高一直比较感兴趣的。但是，他们也有点担心，毕竟学校有点远，在 25 公里外的泽芬贝亨村。凡·高还没有离家那么远，独自生活过呢！可是，家里的孩子的确太多了，凡·高是最大的孩子，应该离家了。

报到那天，小凡·高和父母一起到了学校。父母给他办理了注册、食宿等手续，就得马上回去了，家里的其他孩子们都还等着父母回家做晚饭呢。到了不得不和父母告别的时刻，凡·

高的心情低落极了。 他站在学校门前的台阶上，一直呆呆地看着载着爸爸和妈妈的那辆黄色小马车远远地驶上马路，穿过牧场。 秋天冰冷的雨水打在马路上，打在两旁稀疏的树木上。 等那点温暖的黄色从凡·高的视野中消失后，他所看见的就是倒映在积水里的阴霾的天空。 周围的一切都是湿漉漉的，充满着孤寂和悲伤。

第一次远离家门的体验，让凡·高觉得自己被流放了。 他第一次感觉到了无助、孤独和悲伤。

在简·普罗维利私人寄宿学校就读期间，凡·高留给老师们的印象就是一个严肃得近乎忧郁和压抑的少年。 他还是不愿意和别的孩子多交往。 性格孤僻的他把时间和精力大多投入到了绘画和阅读上。 这倒让他很快就取得了学习上长足的进步。 他掌握了多国语言，能像母语荷兰语一样熟练地运用法语和英语，德语也达到了相当高的实际运用水平。 学校开设的绘画课程，也让他正式开始接受艺术方面的启蒙教育。

两年后，凡·高以优异的成绩结束了在普罗维利私人寄宿学校的学习。 这让家里人都很高兴，特别是对他寄予厚望的父亲。 于是，13岁的凡·高又被送往离家更远的蒂尔堡市，到那儿的威廉二世国王公立学校注册学习。

威廉二世国王公立学校在当时是一所极为开明的学校。 它的创建人和首任校长F·菲尔斯锐意革新，一直希望自己所领导的学校有朝一日成为荷兰国家艺术教育中心。 他努力营造自由宽松的环境和浓厚的学习气氛，聘用了一大批高水准、有学问的教师。 和别的学校最不相同的是，菲尔斯校长在该校每周三十六节课时中，安排了多达四节的绘画艺术课。 学校还花费大量资金购入绘画大师们画作的复制品，供学生们观赏学习。 学校甚至率先领导新潮流，为学生开设了一间具有相当规模的画室，还让学生们在晴朗的日子里外出写生。

凡·高的绘画天赋和兴趣在这里被激发起来。 他认真地学习每一门课程（除了一门课程——透视法），都获得了一流的成

绩。 随着凡·高对绘画的热爱和理解的加深，他对自己的要求越来越严格，他开始为此感到深深的苦恼。

放假的时候，他就返回宋德尔特村，偕同弟弟德奥去野外散步。兄弟俩的感情跟以前一样，散步的时间和距离却比以前更长。

在散步途中，凡·高照样喜欢对花草、昆虫、小鸟和树木旁边观察、沉思。

凡·高改变一些了吗？ 还是一点儿也没有改变？

德奥特牧师常常暗中观察儿子的情况。

凡·高始终把自己关在自己

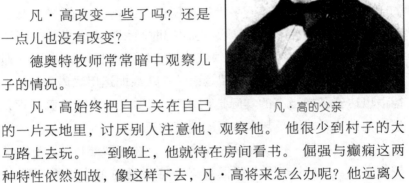

凡·高的父亲

的一片天地里，讨厌别人注意他、观察他。 他很少到村子的大马路上去玩。 一到晚上，他就待在房间看书。 倔强与癫痫这两种特性依然如故，像这样下去，凡·高将来怎么办呢？ 他远离人群，忽视社会的阅历，这样怎么去工作谋生呢？

德奥特牧师每念及此，内心就局促不安起来。

这时候，目睹从外面散步回来的凡·高，德奥特牧师更加忧虑。

帽子戴得很低，驼背、低头走进门来的儿子——将来要光耀门庭的凡·高，怎么会是这个样子呢？

只见他的眉毛边长了几条皱纹，看上去缺乏年轻人的朝气，脸色也不好看。 牧师心里暗想："这个孩子太拘束，对任何事情都看得太重……"

4年后，读完寄宿学校，凡·高已经16岁了，现在必须为他找一份工作才行。

为了解决儿子的工作问题，德奥特牧师请了几位亲友来商量，其中有一个人回答得很干脆。

"有什么好考虑的？凡·高家族出了3位成功的美术商，我就是其中之一，大家都羡慕我目前的地位，文森特如果做美术商，不是也很理想吗？"

说出这话的人，正是德奥特牧师的哥哥，他跟眼前这个年轻人同名，他就是文森特伯父。所有的亲友们听了无不点头称是。

文森特伯父原来曾在哈谷从事艺术品生意，现在已经不做生意了，找了一个安静的地方，过着富裕的生活。

他比德奥特牧师的年龄仅大一岁，他们两人的妻子是同胞姐妹，感情很好，两家亲上加亲，来往密切。

每当文森特伯父搭乘马车来到这里时，宋德尔特村牧师公馆的孩子们都会兴高采烈地叫着："文森特伯父来啦！"

因为他的马车里，经常载着大包小包的水果和玩具。孩子们也经常去拜访他，在那里可以看到文森特伯父所收藏的许多珍贵美术作品，年轻的凡·高从此接触了真正充实的美术世界。

凡·高站在这些艺术品前面，到底感受如何？想些什么事呢？谁也不清楚。

1869 年的哈谷

"怎么样？文森特，要不要在哈谷做事？"

　　凡·高听伯父这么一说，立刻点点头。

　　"好吧，就这样决定啦，我给你写一封介绍信到高比尔商会找德尔斯特哈经理，这是一帆风顺的起点，好好加油吧。"文森特伯父高兴地说。这位家财万贯的画商膝下无子，有意为这个心爱的侄子找一份差事，在可能的情况下，他也许考虑要凡·高继承自己的事业呢。

　　1869年，凡·高离开自己出生的宋德尔特村，带着伯父写给他的推荐信开始了他人生最重要的一步。出来送别的忧心忡忡的双亲，一直跟随在他后面久久不忍离去。

## ✿资料链接✿

# 凡·高的父亲

　　德奥特·凡·高是文森特·凡·高的父亲。他是荷兰宋德尔特村的牧师。德奥特·凡·高常穿着牧师厚厚的黑色上衣、宽大的翻领背心和浆过的衬衫，黑色的大领结遮盖了一切，只露出高领的一狭条。文森特一眼就能看出父亲脸上的两个特征：他的眼神呆板，右眼皮比左眼皮低，把右眼挡去了一大半，嘴的左面有一根细细的直线，右面厚而丰满。

　　每当宋德尔特的人们看到德奥特牧师戴着高项丝帽，就晓得他到周围去做好事了。被教区内的居民称为漂亮牧师的他，受过良好的教育，生性和蔼、品行端正、勤于圣职。然而，几十年来，他一直在宋德尔特这个小村子里默默无闻。他一直到死都不明白，为什么没有取得更大的成就。他总觉得早就应该在阿姆斯特丹或海牙一个重要的教堂中被委任圣职。在他们六兄弟中，唯独他没有成为国内的著名人物。

# 艺术公司的工作

海牙是一座风景优美的小城，随处可见低缓的山丘和葱茏的树林。郊外平坦的牧场上，散布着明珠般的小湖。得天独厚的优美环境和便利的交通，使得海牙成为荷兰王室和政府所在地之一，也成为"海牙画派"艺术家理想的领地。

海牙画派将荷兰风景画视为自己的渊源，同时，也珍视本土取之不尽的艺术营养。海牙画派的艺术家们一只眼睛注视着大自然，另一只眼睛则注视着历史上荷兰艺术的黄金时代。他们所崇拜的艺术家包括弗美尔、费尔德、霍赫等，这些艺术家常常将尼德兰的农田、牧场、海岸、村镇等作为自己画作的题材。从根本上说，海牙画派艺术家尊重艺术的传统性，尊重荷兰艺术

高比尔海牙分店

凡·高
Fangao

伟大的民族传统。

作为海牙画派的重要支持和后盾，高比尔艺术公司海牙分公司在海牙拥有一座四层楼的营业大厦，就坐落在普拉茨广场边上。

海牙分公司的经理特斯蒂格是由文森特伯父一手提拔起来的，只长凡·高几岁。特斯蒂格特别善于与雇员保持友好的关系，在他领导下，公司的气氛开朗、进取。这让不谙世理、拙于人际关系的凡·高感觉十分放松。他很快就适应了在高比尔艺术公司的工作和生活。

凡·高最初的工作是负责高比尔艺术公司各分公司之间画作的流通。他要学习辨识公司经营的各类画家的作品，把它们按标价和级别进行分类、包装和展示。公司底楼的营业厅被布置成了画廊的样子，入口处挂着厚重而华丽的天鹅绒帷幔，画廊的过道里装饰着体面而优雅的墙毯，那些令人敬畏的艺术珍品或新秀佳作就镶嵌在豪华的金色画框里，悬挂在墙上。

这是凡·高第一次这么近距离地观赏画家们真正的作品。以前在学校里临摹的都是画作复制品，而眼前这些画作是那么地真实和直接。它们在画布上绽放出来的色彩和散发出来的气味，让凡·高久久难以忘怀。他常常会在那些漂亮的画作面前驻足，情不自禁地伸出手去触摸。画布和手指间的摩擦甚至会让他控制不住地浑身颤抖。

对艺术的热爱如同火山爆发一样，让凡·高的每一根神经都震撼不已。他一下子找到了自己对人生的渴望。

公司收藏、陈列的各类原作、复制品和印刷品以及画家的代表作品，已经远远不能满足凡·高如饥似渴的需求。他开始频繁地出入著名的莫瑞泰斯皇家美术馆。莫瑞泰斯皇家美术馆可以说是当时北欧最好的艺术中心，离凡·高工作的地方不远。在那里，凡·高接触了众多北欧艺术的大师们："魔鬼炮制者"博斯、"农民勃鲁盖尔"（老勃鲁盖尔）、大勃鲁盖尔、伦勃朗、鲁本斯和霍尔拜因等。 无论是那些充满人文精神的市镇乡村风景，还是那些生机勃勃的四季花卉；无论是那些具象的人体，还是那些超然世外的肖像，都成了凡·高进一步拓展艺术体验的来源。 他深深地沉醉在荷兰艺术大师们展现的深沉而壮丽的美术世界里。

凡·高还利用假日自费去阿姆斯特丹国家博物馆参观。 这家博物馆收藏有特别丰富的 17 世纪的荷兰艺术品，并藏有西欧各流派的绘画和雕刻、东方艺术和装饰艺术品。 博物馆里附设的国家版画陈列室还藏有欧洲最精美的版画、素描以及彩饰手抄本。 凡·高工作之余的时间几乎都花在了欣赏艺术、感悟艺术上。 只要经济情况允许，他就把钱都用在购买自己喜欢的画作上。 当然，他特别钟爱的伦勃朗、米勒、伊斯拉埃尔斯、柯罗等画家的作品自然是首选。

除了参观艺术展览馆，凡·高还喜欢去书店。 海牙虽然远离首都阿姆斯特丹，但作为荷兰政府的外交使团所在地，拥有相当数量的品质优良的书店。 这些书店里不乏各种各样的好书，甚至还可以找到来自伦敦和巴黎的新刊书籍。 凡·高渐渐与一些书店老板相识，甚至成为朋友，应邀参加他们组织的各类文学聚会。 海牙分公司经理特斯蒂格虽然不经营书籍，但他也热爱文学，常常与凡·高进行这方面的交谈。 而凡·高熟练掌握多国语言的优势则令他大受其益。

正是从海牙开始，凡·高对法国的诗歌和历史作品以及英国小说产生了持续终生的热情。

凡·高如饥似渴地阅读大量的书籍。 他的阅读书单上有安徒生、莎士比亚、狄更斯、乔治·艾略特、班扬、济慈、卡莱尔、H·B·斯托、朗费罗、爱伦·坡、富兰克林、巴尔扎克、雨果、左拉、福楼拜、莫泊桑、都德、伏尔泰、托尔斯泰、陀思妥耶夫斯基、歌德、海涅等人的作品。

正是通过和这些文学大师们思想上的交流，凡·高探索着书籍与艺术的共性，努力要从两者中寻找到彼此对艺术和生命的共通阐释。　大量的书籍阅读和艺术观摩，让凡·高的生活变得积极而充实。　他真正告别了童年时的懵懂，对自己的将来开始有了描画。

凡·高相当满意自己在高比尔艺术公司海牙分公司的工作。　他相信自己找到了一份理想的职业，并带着自己对艺术的满腔热忱全身心地投入其中。　他开始接触更多的画作和画家，也开始和不同的艺术鉴赏者打交道。　和公司有业务往来的艺术家们也很喜欢这个腼腆而又真诚的小伙子，他们经常邀请他参加艺术家团体组织的各种讨论和活动。　大家互相讨论对艺术的看法，时不时地还进行画技的切磋。　这些都让凡·高获益匪浅。　他的眼界越来越开阔，对艺术的热爱也越来越强烈。　艺术在凡·高的眼前打开了一扇从另一个视角看待周围世界的窗子。

凡·高甚至开始尝试进行习惯性的业余创作。　在离公司不远的小湖泊边上散步的时候，他就顺手在信纸上画一些写生素描。　有时候他也会画一些复杂的场景，比如海牙分公司附近的运河、城市里喧闹的小路……但是他发现自己仍然不能掌握透视法，明白那些作品都是一些涂鸦之作而已。　尽管如此，他还是把这些创作寄给了弟弟德奥。

那时的弟弟德奥已经结束了寄宿学校的学习。　在文森特伯父的推荐下，他到了高比尔艺术公司在布鲁塞尔的分公司，和凡·高一样成了公司的一名见习艺术经纪人。　德奥学习得很努力，很快就可以和哥哥凡·高探讨一些艺术方面的问题了。　一如既往，德奥觉得哥哥凡·高对艺术的感觉很敏锐。　和在童年时代一样，德奥热情地鼓励凡·高继续努力下去。

德奥的支持让凡·高十分振奋，连海边吹来的风都随着德奥的来信变得温暖起来。　更重要的是，德奥的来信让凡·高觉得自己不再是孤身一人。　他找到了自己可以倾诉的人——自己的知心伙伴，永不分离的好兄弟。

不久，因为凡·高品行可靠、尽职敬业，在海牙分公司有关绘画、版画及复制品的若干业务中成绩斐然，受到了客户和公司的好评，更因为凡·高对艺术持久不灭的热情，在海牙分公司经理特斯蒂格的大力推荐下，凡·高被调往高比尔艺术公司的高比尔商会，作为对他工作的相应奖励和提升。

1873年，凡·高带着依依惜别之情离开了生活4年之久的海牙——这个宁静而优美、被他誉为"第二故乡"的城市。他完全料想不到在海牙的4年会是他一生中最平和的时光。

# 勤勉的职员

凡·高在高比尔商会上班了，他是那里最年轻的店员。令人吃惊的是，在各方面凡·高似乎都派不上用场，唯有包装或拆卸行李是例外，而他居然对此做得很娴熟。

此外，店里所有的油画、复制品、木版画和铜版画等，他都能记得一清二楚，给顾客们留下了良好的印象。

德尔斯特哈经理曾给德奥特牧师写过一封信，极力赞扬凡·高的热忱和诚实，大意是："令郎对这门生意干得很起劲，我想他将来一定能在这方面获得相当大的成就。我敢保证。虽然有时候，他会因为过度热心，在卖画的时候跟客人发生争执，但这影响不大，主要是因为他还不习惯的关系，我想这个缺点他很快就会改正过来的。"

凡·高家人接到这封信后，才完全放下了心。

"也许真是没有什么好担忧的，文森特在人生的大海上刚一起航，就懂得尽忠职守，努力去干……"

德奥特牧师夫妇想到这里，心里也就高兴起来了。事实上，凡·高正是一位模范青年，每逢星期日，他就到美术馆去欣赏古代大画家的作品，或者留在房间里读书。

他寄宿的地方，是当地一个富裕家庭，饮食起居都很好，这也是他心情十分愉快的原因之一。

　　时间过得很快，他来到哈谷市已经有 3 年了。 其间，他的父亲离开了宋德尔特村，到赫贺尔特村的教会去了。 不过，牧师的职位仍然没有升级。

　　1872 年 8 月，正在赫贺尔特村附近学校就读的德奥弟弟，曾到海牙去探望当时在高比尔艺术公司海牙分公司工作的大哥。这年，德奥已经 15 岁了。

　　"大哥。"

　　"啊？ 德奥，原来是你。"

　　兄弟俩久别重逢，喜悦之情洋溢在脸上。

热闹的高比尔商会

　　凡·高看到弟弟的身体和思想都成长了许多，倒是吃了一惊。 德奥也发现大哥对画商的工作非常认真，心情也十分愉快，已变成一个雄赳赳、气昂昂的青年了。

　　他们一起玩了好几天，常常偕同逛街或倾心交谈，每一字、每一句都能说到对方的心坎里，这已经不是以前那种不成熟的手足之情，而是一种成人之间的新感情了。

德奥返回赫贺尔特村后，就给大哥写信，凡·高也马上回复：

> 谢谢你的来信，欣悉你已经平安到家，我就放心了。今天黄昏回到宿舍，因为看不到你，心里总觉得很不自在。
>
> 我们一起住了几天，无比的愉快，尤其是一起散步，到处观光，更令我难忘。
>
> 炎热的天气真令人讨厌，你每天要走路上学，想必很热吧。昨天的博览会里有赛马，可惜天气不太好，幸好你没有留下来观看，否则会失望的。

由于孩子多，牧师一家人生活贫困，孩子们长大后必须要自谋生路。德奥跟大哥见面后，看到他认真工作的态度，备受感动，便暗自下定决心，将来也要独立奋斗。

不久，父亲和伯父商量，决定让德奥从 1 月份起到高比尔商会设在比利时布鲁塞尔的分店去工作。凡·高知道了这个消息后，立刻写信给弟弟德奥：

> 我刚看完爸爸的来信，这真是一个好消息，我衷心地祝福你。
>
> 你一定会喜欢这份工作的，事实上，这也是很伟大的事业，你愈认真做，就会愈想做。我一想到你和我的职业相同，而且会在同一家商会服务，真有说不出的高兴，今后一定要常常通信，保持联系。
>
> 我希望在你起程以前跟你见一面，有许多话想跟你当面谈谈。
>
> 布鲁塞尔是一个美丽的都市，刚开始你也许会不习惯，慢慢就会好起来的，希望你能经常来信。
>
> 德奥弟，我一听到这个好消息，就迫不及待地想要

把我兴奋的心情告诉你，所以时间仓促得很，这封信也就写得很简单。

　　祝你幸运，请永远相信我。

　　凡·高果然如他信上所说，在以后的 20 年里，始终遵守诺言，一直到去世之前，仍不断地写信给德奥弟弟。

　　凡·高在高比尔艺术公司工作了 4 年，他那认真的态度和负责的表现，确实是有目共睹的。调任高比尔商会后他也一样认真工作，经理为了嘉奖他，把他调往伦敦的分店去工作。

# 出路在哪里

为了工作，为了成为艺术家，一个人需要爱。至少，要使他的作品不缺乏感情。他首先要自己感觉到这一点，并且爱工作、爱生活。

——凡·高

# 初恋失败

**18**73 年 5 月初，凡·高离开哈谷，途中曾在位于巴黎的高比尔商会总公司稍作停留，那时他一连好几天都出去参观鲁布尔美术馆以及鲁克莎布博物馆等处的美术展。

那些各式各样的名画和雕刻，对于一个初出茅庐的美术商来说，无疑是实习的好机会。他满怀希望地到英国去，在去之前便从这里得到了十分有用的经验。

此时的凡·高刚好年满 20 岁，他必须脚踏实地去做事。

凡·高抵达伦敦了。这里果然是一个大都市，只见无数的马车，在石子路上急速地奔驰，泰晤士河上的小船来来往往，川流不息。

早晨，凡·高只要一离开宿舍，便打扮整齐，戴着正式礼帽。因为别人曾忠告他："如果想在伦敦做生意，一定要服装整齐，戴上礼帽。"所以，他很快就把必需的服装和帽子买好了。

高比尔商会位于市中心，每天从早晨 9 点开始工作，到下午 4 点结束。其间有英国式的"下午茶时间"。

这里的业务不像在哈谷的时候那么忙碌，因此，凡·高经常有空上街散步，以便适应伦敦人的生活习惯。他每天都有新发现，从而感到无限的欣慰。

由于业务上的关系，凡·高很关心美术。他给弟弟的信上说：

起初，我倒不觉得英国美术有什么魅力，待我熟悉这里的状况后，就觉得情况大不相同了。在这里，除了米雷斯的《犹古诺教徒》及《欧菲利亚》等作品外，还有不少优秀的画家。米雷斯的作品真美！此外还有波顿。至于老画家方面，有风景画家康斯达普，他的作品确实迷人。专画美人肖像的有雷诺阿和肯因斯波罗。风景画家有达那。

德奥弟弟，我素知你对于艺术怀有极大的兴趣，这是好现象，听说你很喜欢密雷·贾克和法国豪斯等人的作品，我很高兴，因为这些都是货真价实的东西。

不过，我认为米勒的《晚钟》才是最真实的，他的作品实在很美，像诗篇一样的动人，可是一般人却不大称赞它。

凡·高沿着泰晤士河岸边走边看河水，瞭望威斯特敏斯达的大桥，有时候，他从口袋里掏出纸张和铅笔来画素描，却往往觉得不太满意，嘴里还念念有词："差劲！一点儿也不像样。"

6月，凡·高搬到新宿舍去了。房东是一个法国牧师的遗孀——洛瓦埃夫人，她有一个女儿名叫薇斯拉，母女两人经营幼儿园。凡·高把迁居以后的情形写信告诉他弟弟：

我对于现在住的新宿舍相当满意，出外散步是常有的事。附近很幽静，我的心情极佳，每天精神都很饱满。老实说，能够找到这种环境，我认为是很幸运的。

周末，我跟两位英国朋友一起在泰晤士河上划船，风景优美极了。

对于绘画，你若想要有丰富的知识，非得下一番苦功不可，你应该尽可能到美术馆去观摩鉴赏。

此外，你要经常散步，以培养热爱大自然的情怀。因为这是进一步理解艺术的方法。画家教导我们要热爱自然、了解自然，凡是真正热爱自然的人，到哪里都能发现美的存在。

我现在开始从事园艺工作，每天都很忙。在一个小庭院里栽植各种花草，你看，这不是很好吗？

当各色各样的花卉种子开始从泥土里萌芽时，凡·高的心中有个爱情的幼芽也在成长。

薇斯拉常微笑着，把眼睛瞪得大大地看着凡·高。这位年方二八的姑娘，长得很迷人，难怪凡·高对她心生爱意！

"凡·高先生，若不赶快吃饭，恐怕时间来不及啦！"

只见她一面说话，一面端出面包、鸡蛋和红茶来。凡·高刮完胡子，坐在餐桌前面。薇斯拉一面摆着盐巴、胡椒、牛油和碟子，一面微笑着说："你种的牵牛花发芽啦，上班以前，要不要去看一下？"

"哦……哦……我……"

凡·高一面吃饭，一面陷入沉思。他正在想，如果今后每天都能跟薇斯拉一起吃早餐，那该是多么幸福的事呀！

"啊，怎么回事呀？看你坐着发呆。"

"我想给你取个'婴儿天使'的名字如何？"

薇斯拉突然哈哈大笑起来："婴儿天使吗？我一定要告诉母亲……"

凡·高在写给父母和妹妹的信中说道："我对任何人都从来没有像对她们母女这样地关心过，请你们看在我的面上，也喜欢这位姑娘吧。……我生活在这样亲切的家庭里，受到她们很多的照顾，在这里，所有的事情都令人愉悦，啊！我觉得人生是丰富而美丽的……"

得知凡·高恋爱的消息实在是太令人兴奋了！ 德奥放假回家时，就用家乡附近森林里的枷树叶编了一顶帽子寄给大哥。他心里暗自祈祷，希望大哥生活在幸福里，但不要忘记故乡和这里的森林与原野。

其实，凡·高并没有忘记故乡，不过，圣诞节的假期，他没有返乡，而是一直待在洛瓦埃夫人家里，陪她们母女度过圣诞夜。 因为他一刻也离不开薇斯拉。

新年到了，凡·高又加薪水了，这让他十分高兴。

凡·高啊！你能这样安然沉迷在幸福中吗？薇斯拉真会看上你吗？像你这样不大懂英语，外表难看，满头红发，而且着迷于所有的绘画和设计图的青年……

更何况，你根本还没有向薇斯拉坦白地表达过自己的心意呢！

凡·高天性胆怯，他根本不懂得如何向薇斯拉表达自己的感情。 只要跟薇斯拉的眼光相碰，听见她说话或她的笑声，他就会觉得很幸福。 可是，不能老是这样下去呀，因为已经到了必须表白的时候啦。

第二年的 7 月中旬，凡·高有几天的休假，这次非回家看看父母亲和弟妹们不可了。

回家以前，他打算向薇斯拉吐露心声。 几个礼拜以来，他一直反复练习要讲的话，等待着这一天的来临。

他们两人站在庭院里的苹果树下，繁星发出悲凉的光，薇斯拉的发香在微风中飘荡。

"薇斯拉，我有句话要跟你说，……我……想……"

"凡·高先生，什么事呀？"

"你应该知道我深深爱着你，薇斯拉，你跟我结婚好不好？如果你肯答应的话，我们一定会很幸福的。"

"什么？要结婚……"

薇斯拉吓了一跳，睁着大眼睛，目不转睛地盯着凡·高的脸，她感到莫名其妙。

"不行，那怎么成呢？"

"为什么不行？"

"我已经订婚了，我以为你知道……"

"对方是谁？"

"在你还没来以前的一位房客。"

"可是，自从我住到这里以后，那个人一次也没有来看过你，你现在所爱的人，不就是我吗？"

"那怎么可能？我不答应！"

她说到这里，就大笑不止。

一切都完了！

7月中旬，凡·高利用休假回到荷兰去，满怀欣喜的母亲看见爱子沮丧的神情，不禁大吃一惊。黯淡的眼神，消瘦的脸颊，紧闭的嘴唇——信上所说的幸福跑到哪儿去了呢？

★☆★☆★☆★☆★☆
**资料链接**
★☆★☆★☆★☆★☆

## 米勒的《晚钟》

米勒的《晚钟》现藏于巴黎卢浮宫。

从图中，我们能看到这对在田间默默祈祷的农民夫妇，仿佛也听到了远方依稀可见的教堂传来的钟声：这"钟声"好像越来越大，传得越来越远……也许是这对伫立在农田里剪影一般的农民夫妇与地平线交叉的形式使人联想到了庄严、神圣的"十字架"，从而，拉近了农民、教堂与观赏者的距离并强化了教堂钟楼的"音响"感应；也许是由于日暮余晖的笼罩、屏息静思的农夫和静穆沉寂的大地的反衬；也许是由于画家刻意把人物、景物恰如其分地虚化，不但人物、景物、教堂以及教堂里传出的"钟声"可以融为一体，好像观赏者与画中人、画中景、教堂及教堂钟楼里传出的钟声也融为了一体。

这种浓郁强烈的宗教情感；这种凝重圣洁的宗教气氛；这种庄严、肃穆、令人敬畏的宿命色彩和安贫乐道的基督徒形象；这种深沉、悠远、悲壮的诗意境界；这种直指人心的精神力量——如果不是一个虔诚的基督教徒，没有在宗教境界修炼到一定程度，没有深厚的文学艺术修养，没有巨大的精神投入和高超出众的绘画技艺，是很难创作出这样的杰作的。

米勒的《晚钟》

外在粗陋、朴实，甚至木讷，而内心纯净虔诚、温顺善良的农民形象，不仅体现了米勒对农民的深深理解和深厚的感情，也体现了 19 世纪后半叶艺术家强烈的民主意识以及现实主义的求实精神。

## 被人辞退

凡·高踏着沉重的步伐，又回到伦敦。

新租的房子距离洛瓦埃夫人的家有一大段距离。 当然，凡·高又重新开始工作，然而，以往的那股热忱却已消失殆尽。曾几何时，他几乎天天写信，现在却连片言只字也不见了，他的性格又恢复到自闭式的童年时代了。

他父亲知道这种情况后就去找他的伯父商量。

"那个孩子到底怀有什么梦想？我虽然还不大清楚，但他此次显然无法实现自己的美梦，所以才会大失所望。"

"文森特必须再与其他人接触，事实上，这跟学习工作一样重要。"

他的母亲听到丈夫跟他伯父的谈话，就忍不住插嘴说："伦敦的浓雾会影响那个孩子的心情，暂时让他到别的地方去不是很好吗？虽然他平时卖力地工作，但说来也可怜，心理负担未免太重了！"

"也许不错，何不让他到巴黎高比尔商会的总公司去服务？只要在那种繁华热闹的大都市里生活几星期，他的心情大概就会好起来的。反正还年轻嘛，不会有什么看不开的，他应该能恢复为从前那样的模范店员的。"

1874年10月，凡·高奉命前往巴黎。

巴黎号称世界艺术之都。这一年，刚巧有塞尚、莫奈、雷诺阿、杜加等画家在巴黎举行美术展览会，可是，当时人们对他们的评论并不佳。

在许多的展览作品中，有一幅莫奈的题名为《日出印象》的画，当时有一位著名的美术评论家路易·罗瓦开玩笑地将与莫奈的风格类似的这一群画家冠以"印象派"的称号。可是谁又能想到，这种印象派绘画后来居然能够横扫世界画坛。

日出印象

然而，凡·高那颗纯洁的心如今已经完全破碎了，不论巴黎的艺术氛围还是娱乐场所都无法使他获得慰藉。

他只在巴黎待了两个月，在12月底就无精打采地返回伦敦，仍旧租下以前的房子，整天把自己关在房间里读书。

"我该怎么办呢？"为了缓解内心的痛苦，他开始读《圣经》和上教堂了。

"什么人能够拯救我呢？"

文森特伯父看到他这副失魂落魄的样子，也不免担忧起来，他决心要凡·高再回巴黎去。

1875 年 5 月，凡·高奉命到高比尔商会的巴黎总公司服务，他虽很不愿意，但又不得不起程。 他写信给弟弟说："人类生存的目的，不仅是追求个人幸福或者做一个认真的人，同时也要为了实现有益于

巴黎高比尔商会总公司

社会的伟大事业，或安慰心灵的空虚，几乎所有的人都在这种追求中生活。 此外，人活在这个世界上，也要清除卑贱……"

由此可见，凡·高在伦敦的最后一段时期内所发出的信件里，曾经抄录了不少名人的词句，这表示他怀有崇高的理想。

凡·高对薇斯拉的初恋失败以后，他也成长起来了。 跟他的抱负相比，拼命去推销版画或其他美术作品，岂不是很无聊吗？

凡·高抵达巴黎后，立刻租了一个小房间，店里的工作一结束，就马上回家去把自己关在房间里。

当他大声朗读《圣经》，或对其中的意义恍然大悟时，心情反而比在店里工作时平静得多。 他经常在星期天去教堂，虔心听道，并认真地举起双手向神祈祷。 像他这样整天沉浸在自己的内心世界中，怎么能做一个好店员呢？

在高比尔商会的巴黎总店，闪闪发光的玻璃烛台整天亮着，墙壁上摆满了金黄色的画框和各式各样的作品，令人眼花缭乱。

栩栩如生的人物画、令人向往的风景画、神情高雅的裸体画……诸如此类的作品，无一不是令人尊敬的名家杰作。

然而，凡·高却对其中任何作品都心不在焉，熟视无睹。

一次，曾经有一位打扮时髦的妇人走进店里来说道：

"请你把店里最好的画给我看看好吗？不论价钱如何……只

要能摆在客厅里就行……"

凡·高立刻搬出许多名家的杰作，包括人物、静物和风景画等，同时从旁解说各幅作品的优点。不料，这位妇人完全看不上眼。

"还有其他作品吗?"

她一面问，一面向四周浏览，经过好久她才得意洋洋地指着一幅画说："这一幅可真迷人，怎么样，我的眼光不错吧!"

其实，这幅画是毫无艺术感可言的低俗的作品，凡·高忍不住用讥讽的口吻说："就算是瞎了眼睛，也不该选这幅画呀!"

"你说什么? 简直无礼!"

那个妇人柳眉倒竖，气得脸色发白。

业务经理从里面走了出来。

"凡·高，你到底怎么搞的? 怎么可以使客人难堪呢?"

经理只得一边陪笑，一边忙不迭地向客人道歉说好话。

客人离开之后，凡·高就被喊到经理室问话。

"今后如果不改变态度，我就写信告诉你伯父，让你转到其他分店去算了，免得在这里丢人现眼! 我真不懂，难道你存心要砸我们的招牌么?"

"你别管我好不好? 人只能活一次，何必一定要做俗气的富豪? 为什么要卖这种无聊低级的画呢?"

"你……你竟敢……?"

经理气得握紧拳头，凡·高见势不妙，就趁机溜走。圣诞节来临，无疑是高比尔商会生意最好的时候，不料，忍无可忍的凡·高，却不声不响地私自离开巴黎，回到荷兰去了。

不久以前，德奥特牧师又搬到恩但这个小村去了。此次调动不是升迁，贫困的生活依然如故。

为了这个家，父母的身心负担很沉重，孩子一大群，所以还要支付一笔庞大的教育费用。

不过，因为翅膀受伤而回家的小鸟，可不能就让他如此自生自灭。德奥特牧师写信给儿子德奥："必须设法让文森特生活得快乐一点，我想让文森特辞去高比尔商会的工作。 当然，在那里服务固然不错，但是看到他那愁眉苦脸的样子，为了他的幸福着想，一定得给他换个工作环境才好。"

1876 年 1 月初，凡·高又闷闷不乐地回到巴黎。 他的经理非常生气，其实也难怪，在业务最忙的圣诞节前，居然一声不响地走了，到了 4 月初，凡·高就被免职了。

对此，凡·高默默地承受下来。

23 岁就被人辞退，未来的人生道路还很长，但好机会却一去不复返了。 平日热心照顾他的伯父在失望之余也摆出不理睬的态度说："文森特的事，我管不了!"

# 三心二意的年轻人

**有**一次，父子 3 人在一起谈天，德奥特牧师说："让文森特到美术馆去工作怎么样?"德奥回答说："干脆让他做个画家好啦! 因为大哥的来信里，一直表示他自己沉迷在美丽的图画里，可见大哥确实具有相当杰出的绘画才能。"

"别提了! 我才不到美术馆去，我也根本不想做画家。"凡·高自己摇头拒绝道。 他暗自思索：

"我遭遇一连串的失败，是由于自己的愚笨，我已经对自己在绘画方面的才能完全绝望，我一定要努力成为更有用的

凡·高小弟科尼利斯

人物。"

　　凡·高看到几篇英国报纸的招聘广告,他立刻写信去应聘。其中一封回函表示,有一位史脱库斯牧师在兰姆司盖特办了一所小学,急需找一位住校教师。

　　凡·高再度前往英国。"也许无意中会碰到薇斯拉……",他这样想着,终于起程了。后来,他写信给弟弟,诉说此行的经过:

　　　　星期天的握别,使我终身难忘。早晨上教堂,爸爸在讲道,做完礼拜就是下午了,爸爸和小弟站在路旁,送我上车,我从窗子里看得非常清楚。最后呈现在我眼帘里的是荷兰教堂的尖塔顶。

　　　　次日清晨,我从哈李吉搭车前往伦敦,在火车上观赏天亮前的曙光,真是美极了!黑色的麦田、绿油油的牧场,到处是花丛草木,还有许多巨大的树冠。

　　　　拂晓的天空中,点缀着几颗发着微光的星星,地平线上看得见灰色的云彩,在晨曦绽现的前一刻,可以听到云雀一阵阵的叫声。

凡·高任职的学校

抵达伦敦两个小时后，我又搭汽车前往兰姆司盖特。此次旅行，还需四个半小时。可是，我的心情并不畅快，地面上杂草丛生，一路上到处可见长满树木的丘陵，这些景色类似故乡的沙丘，真是令人怀念。

途中经过肯塔贝利市，街道上古木参天，庄严的大寺院随处可见，有关这里景色的绘画，我经常在美术馆里见到。

下午1点钟到达史脱库斯牧师的家，广场上是大片草地，房屋在广场的中央，广场周围有铁栏杆，栏杆上积满灰尘。这里只有24位10~14岁的儿童，不算是一所大的学校。从餐厅可以观望大海。

第二封信上说：

昨天悠闲得很，黄昏时，我们带着学生们上教堂去。

学生平时晚上8点就寝，早上6点起床。他们的床铺凌乱、床单破旧，从洗脸台上的破玻璃窗里透进一丝微弱的光线，有一种阴森森的感觉。

除我之外，另外有一位17岁的助理教师，他跟4位学生以及我睡在学校里，我自己有一间专用的小房间，四面的墙壁空荡荡的，我准备挂一幅版画。

我们经常到海滨去玩，就像当年在宋德尔特的庭院玩耍一样，我们今晨带一群小朋友到海滩玩泥沙。

我教的是初级法文，有一位小朋友也学德文，此外，我还教他们算术，下课以后，还得监督他们做游戏。

据史脱库斯说，只要供应伙食和房间，老师的生活问题就解决了，所以他不支付一毛钱给我。这实在太过分了。当然，这样的生活不能再持续下去，迟早得

另想办法才行。

由此可知，凡·高的新生活开始了。起先，他觉得很满足，后来又想另谋出路。正如他信里所说的那样，即使免费供应伙食和住宿，但没有一分钱，实在也很苦。

他经常去海边散步，看着附近的风景画速写才能够稍解内心的寂寞。但是，改变生活方式的想法却也逐渐坚定起来。不久就发生了一件大事。

6月，史脱库斯牧师把学校迁到伦敦郊外、泰晤士河畔的艾渥斯区。

牧师有意趁改建学校的机会，将学校规模扩展一番。在这种情况下，首先就得考虑钱的问题。他把凡·高叫来说："凡·高先生，在这群学生里，很多人都不缴学费，过去，我都是逐家拜访，顺便收费，从本月份起，想麻烦你帮忙做这件工作。"

"好的。"凡·高回答。

凡·高奉命去进行家庭访问，并收取学费。在他逐家访问之后才知道学生家长几乎都是身份低微的工匠和贫困小商人，他们一直都是靠借贷过日子的。

凡·高跨过脏乱不堪的小巷，去拜访肉店和鞋店。学生家长们看到老师突然出现，吃惊之余，居然也付清了积欠很久的学费。

史脱库斯牧师大喜过望："照这样看来，下个月还得麻烦你啰。"

不料，第二次上门收款时就困难重重了。家长们异口同声地表示，自己的生活愈来愈苦，实在付不起学费。凡·高心里也很难受。家长们又说："我们的家里一间房子住七八个人，大家只有一条被子，挤在一起睡觉。"

"家人生了病，也没钱去请医生。"

"请你看看吧！脏水、污浊的空气、窄巷子里的垃圾堆积如山……这不是地狱般的生活吗？"

　　凡·高看到这种情形，一句话也说不出来，心里感到无限的悲伤，别人的苦难和悲哀都如同自己身受一般，泪水忍不住夺眶而出。

　　他垂头丧气地回到学校，史脱库斯牧师大感不解："钱呢？今天收到多少？"

　　凡·高把所见的情形一五一十地说了出来，可是史脱库斯却打断了他的话："我不要听你谈这些话，我只问你收了多少钱回来！"

　　"没有收到一毛钱。"

　　"什么？一毛钱也没收到……"

　　史脱库斯用力拍着桌子说道："好吧！你这个笨蛋教师，马上给我走人。"

　　文森特·凡·高应该何去何从呢？

　　他步履蹒跚地往伦敦方向走去，心里默默地反复念着上次寄给德奥的信里的那些句子："如果你问我想找什么新工作，我倒希望能到伦敦郊外为工人讲道，或当传教士之类的。"

凡·高讲道

　　不久，凡·高找到一份新差事，就在泰晤士河岸。在李奇蒙附近的小村，一位名叫詹斯的牧师所主持的小学里担任副牧师的职务。

　　因为找到了理想的职业，凡·高干得很起劲。他一面研究赞美歌，一面跟随詹斯牧师讨论神的问题，也常到各个村子去布道。

　　凡·高说的话很难让人听懂，英语说得吞吞吐吐，那是很少

在大庭广众前演讲、缺乏训练的缘故。

尽管如此，他仍然拼命练习，毫不气馁。他经常自我安慰道："耶稣说：悲哀的人是幸运的。因为这种人可以得到安慰。"

他不停地祈祷和工作，甚至三餐不继，夜不成眠，最后终于病倒了。圣诞节再度来临，凡·高在身心俱疲之余，除了返回荷兰外，再也没有其他的打算。

德奥特牧师见到抱病归来的儿子，顿感惊慌失措，不知如何是好，又跑去跟哥哥商量。

那位文森特伯父早就不理凡·高的事情了，但禁不住牧师的苦苦哀求，只好说："不然，就让他到书店去当店员算啦，那个孩子真是……"

1877年1月底，凡·高前往杜鲁脱雷希特的一家书店任职。那时候，他满脑子都是如何向穷人传播耶稣的福音，这样怎能做好一个理想的店员呢？果然，他只做了三个月就辞职了。

这次，他下了一个大决心。

他准备进大学攻读神学，这个念头使凡·高的家人大吃一惊。

在校时间要足足7年，已经25岁的凡·高，怎能再去读7年的书呢？

幸好他有3位伯父，在阿姆斯特丹经营美术生意的艾玛斯达姆表示愿意支付学费；担任海军兵工厂厂长的约哈内斯愿意供给他房子；另一位司多利凯说要替他找一位好老师，指导他学习希腊文和拉丁文，因为这是进入大学必考的科目。

凡·高大喜过望，就开始废寝忘食地用功起来，但半年不到，他的热情和勇气就逐渐消退了。

他想，既然要向穷人讲道、传播福音，又何必要读这种死板的拉丁文和希腊文呢？老是趴在桌上死读书有什么用呢？

凡·高心里不断地埋怨，在老师的心目中，他早就成为三心二意的年轻人了。

"凡·高，你根本不用功，哪能考上大学，我看你干脆不要读算了。"

最后，老师也不理他了。

# 在煤矿传道

凡·高在求学时代，就曾抱着一个想法——决心献身于传道工作。

如果能够进入"布鲁塞尔牧师训练班"，不但可以获得免考证，也不需要学习希腊文和拉丁文，只要接受 3 个月的实习就够了。

何况，又不必缴学费，只需支付伙食和房租即可。既然有这样优厚的条件，怎么早就没有想到呢？

1878 年 7 月，凡·高跟随父亲前往布鲁塞尔去拜访传道委员会的芳德普林牧师、比达森牧师和德约古牧师等人。

"你为什么想进这个学校？"

在牧师的询问下，凡·高坦率地回答说："我想到玻里那玖的煤矿去传道。"

"为什么？"

"《圣经》上有句话叫'黑暗里的光'，我想实现这个目标。"

凡·高终于被获准入学。但是，他的父亲立刻又懊悔起来，他总觉得这孩子的脾气太坏，三心二意，对于自己的诺言，从来没有兑现过。

学校方面也不喜欢凡·高，3 个月修业期满，他并没有被赋予特殊任务，大家总认为他不具备做一位传教士的条件。

经过忧心忡忡的父亲再三央求，校方才答应，如果自费前去，校方将不予阻拦。

冬天开始，凡·高就前往玻里那玖的煤矿。他给弟弟的信上说：

铲煤工

这里是比利时的玻里那玖，一幅画也找不到，说得更恰当些，他们根本不懂绘画为何物！不过，这个穷乡僻壤，倒真像是一幅画，所有东西好像都在讲话。

圣诞节前，满地积雪，举目所见，皆令人想起中世纪的绘画。例如农民画家布留盖尔以及其他几位画家，他们深知怎样表现红绿与黑白的作品。

杂草丛生、古木参天，很像杜拉的作品《死与骑士》里的道路，令人惊讶不已。

几天前，我看见矿工们在暮色中踏上归途，果然是绝佳的景色。这些人全身漆黑，刚从黑暗洞穴中步入明亮之处，宛如另外一个世界的人。

这些人住的房屋都很矮小，不妨称为小屋。它们像是洞穴，乱七八糟地分布在路旁。森林和山丘的斜面上，到处看得见布满苔藓的屋顶，每到黄昏日落时，小玻璃窗前都闪耀着人影。屋顶上积满了雪，使我想起了福音书上的黑字。

凡·高在一家面包店租了房子。平时没有空闲休息的时间，只是专心致力于传道事业。

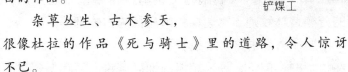

他穿上古代的军服，起用煤炭袋做成绑腿，戴上皮帽，穿着木鞋，满脸和双手都沾着煤屑，成为矿工的伙伴之一，与他们打成一片，喜乐与共。

黎明，雪中的矿工

起初，煤矿里的人都不把他放在眼里，寻思着这个家伙从哪里来，目的何在？因此在路上见到他也不加理睬，有人甚至还嘲笑他。

不过，凡·高毫不介意，他每天忙着讲道、探望病人、教导儿童……如果遇见可怜人，便当场把衣服脱下来给他们，表现出一片仁爱之心。这些在他写给弟弟的信上可以窥知一二。

德奥弟：

每到黄昏，我就在矿工们集会的小房间里讲道五六次，有时候也在马房及牛栏里讲道，大家都专心地侧耳倾听。

这里的居民，几乎都目不识丁，但对于自己的工作却极为认真、负责。他们的个子都不高，身体瘦弱，但都具有一种苦干精神。

今天，我访问了一个老太太。她身患重病，但极有耐心，信仰虔诚，我陪她一起读了《圣经》。

经过一段时间，他和矿工彼此间的冷淡消失了，也不再有人嘲笑和讥讽他。凡·高一心为工人们服务，整天为讲道忙碌。

凡·高每餐只吃面包和白开水，夜晚睡在地板上，除此之外一无所有，他把一切私有物品都献给了矿工的家属。他经常探访居民，协助他们在厨房忙碌，或帮家庭主妇们洗衣服，这种认真服务的态度，倒使她们过意不去了。

"只要有用得着我帮忙的地方，随时吩咐好啦。"

这种勤勉献身的热忱，传到传道委员会委员们的耳朵里。他们商量过后，认为这位固执的青年既然干得很出色，可以先给他 6 个月的传道任务以及 50 法郎月薪。

凡·高感激之余，就更加热心起来，只知朝着自己的理想勇往直前，一点儿也不计较代价。

不料，有一位委员，也就是主持本地传道业务的波登牧师并不欣赏这种作风。他对凡·高说："凡·高先生，你太过热心了，传道一定要稳扎稳打。"

凡·高受到警告，只好点头称是："我明白了，以后一定遵照您的指示去做。"

他嘴里虽然这么讲，可是做起事来却依然如故。他始终相信，自己的所作所为全都依照耶稣的旨意行事，怎么会不对呢？

在如此忙碌辛苦的日子里，他有时会坐在路旁，注视着矿工们工作，同时执笔画速写。这期间，他完成了若干作品，如《欧夏尔玻里那玖》、《肩扛煤铲的矿工》、《矿区的女性》等。

这时候，他还没有明确地想成为一个画家，但想要执笔作画的心情却不能自抑。他在给弟弟的信上说：

米　勒

德奥弟，我现在学习米勒的手法，忙着模仿大型速写，总算完成了《白天》、《播种者》两幅画，你若能看到我的作品，相信你也会满意的。我现在拥有二十张米勒的复制品。倘若你肯再寄一些来，那就更好，我打算研究这位大画家的作品，尽量模仿他的各种技巧。

最近，我做过一次很有趣的探险，那就是在煤坑里待了六个小时。那里叫做马卡斯，是附近最危险的煤坑之一。

爬上爬下的辛苦、毒气的污染、瓦斯爆炸、地下水或旧坑道的崩裂……由于这些意外事故而死伤的人很多，在阴森森的地方，只要看一眼四周的景象，就会不寒而栗。

有一位很有耐心的矿工为我领路，他说自己已在此工作了 33 年，而且经历过无数次的危险，好在都幸免于难。

我们到达地下的深坑，摸索到地下各角落去探险。距离入口最远的地方，叫贾古尔当（矿工作业的穴场）。

倘若有人能把那里的情况描绘出来，恐怕那将成为举世无双的作品。坑里的通道极为狭窄，令人无法想象。每个洞穴中都有满脸漆黑的矿工，他们穿着粗陋的麻衣，青白色的灯光像豆子一般大小，让人感到如同进入了地狱。

有些地方积了水，坑内的灯光隐约可见，好像钟乳石似的反射着微光，在坑道里，有人用木棒作业，有人用小车子把挖好的煤炭运出来。

有时候，玻里那玖会有传染病流行或是矿坑内发生瓦斯爆炸，在这种情况下，凡·高就不分昼夜地照顾病人、协助伤患，往往连自己的薪水都贴了进去。

"爱心一定会得到胜利。"凡·高对此始终深信不疑。

尽管事实如此，传道委员会的人还是取消了凡·高的资格，他们认为，凡·高不像是一个传道士，简直像个疯子。

凡·高不得不离开这里了，因为身无分文，要前往布鲁塞尔非得连夜步行不可。

　　他去向波登牧师辞行，牧师一言不发。望着凡·高的背影逐渐消失在黑夜的马路上，牧师嘴里喃喃地说："我们总以为他是疯子，事实上，他也许是一位圣者。"

# 确定一生的追求

　　一个人绝不可以让自己心灵里的火熄灭掉，而要让它始终不断地燃烧。……你知不知道，这是诚实的人保存在艺术中的最最必要的东西！然而，并不是谁都懂得，美好的作品的秘密在于有真实与诚挚的感情。

——凡·高

# 发现自己的世界

比达森牧师也是传道委员会委员之一，他发现凡·高在独自连夜赶路时，吓了一大跳，再一定神，只见凡·高衣衫褴褛，脚底流血，狼狈不堪，好像一个乞丐或幽灵似的，不禁非常感动。

牧师听了凡·高的一番陈述，又看见他携了许多速写画，好奇地问："凡·高，我不知道你原来有这样的才华，我空闲的时候也画过水彩画——好吧，我买下你的两幅画，你先到我家来好好休息几天。 不知道你现在有什么打算？"

"你的正式资格已经被取消，无法恢复了。 不过，我要去找鸠姆牧师想想办法。"

比达森牧师亲切的安慰，使走投无路的凡·高在情绪上稍微稳定下来。

隔了几天，凡·高又向玻里那玖出发了。

但是信仰受到伤害，已经无法恢复，神已经远离了，他的气力也衰退了。 既无朋友又无爱情和金钱的凡·高，常常孤独地自言自语，或在矿区附近独自踯躅徘徊。

有一天，德奥突然来访，当时他已经是高比尔商会的模范店员，10月将到巴黎总公司服务，现在特地抽空来看看大哥。

兄弟俩沿着古老的运河在荒废的煤矿坑附近散步。 这对曾经相亲相爱、彼此了解的兄弟，现在见了面，也开始彼此意见不合，对某些问题还争论得很厉害。

德奥说："以前，对于许多问题的看法，我们的意见都是相同的，现在，大哥完全变了，你已经不再是以前的大哥了！我看你还是回家一趟吧，大哥，你的生活方式非得改变不可。"

凡·高愤怒地耸耸肩膀说："我是一个传道士，我有责任安慰这里的煤矿工人。"

凡·高的弟弟德奥

"你现在不是不再讲道了吗？"

凡·高默不作声，望着灰色的天空叹了一口气。

不过，德奥走了以后，凡·高又立刻写了一封信给他。

德奥弟：

感谢你百忙中之抽空来看我，虽然时间仓促，但能相聚几天，依然令我兴奋不已。人生的际遇千变万化，我们应该好好珍惜相聚的时光才是！

我何尝不盼望拥有亲情、爱情和亲密的友人！所以，你特地跑来看我，真使我高兴。

现在，我暂时不想回家，甚至，想一直留在此地。至于真正的目的何在，我也说不出来，这是我的缺点。

今后，我所要走的路无疑是困难重重，回想你不远千里来看我，真是非常感激。当然，我也想起我们的争辩，当时，我的确愤怒过一阵子，因为我不赞成你的意见。回顾我以往的所作所为，虽然横遭无情的打击，但我却问心无愧。

德奥弟，我想把自己的人生安排得更美好一些，你不认为我正在努力追求这个目标吗？追求比现在更好的生活，本就是人之常情。但若是为了追求这种目标而改变自己，岂不是贬低了自己？

　　倘若你认为，照你所说，我去做名片图案设计、会计员、木匠学徒、面包店员，或是遵照别人的指示去行事，我就可以变好的话，那你就大错特错了。

　　这时候，你也许又会说："你凡事要切合实际，不能整天糊里糊涂地过日子。"

　　其实，我不是一个懒惰者。倘若你认为我是这种人，那就太遗憾了。

　　小鸟脱换羽毛时，会有一些苦痛；同样，一个人倒霉的时候，情形也是一样。看起来似乎脚步不稳，殊不知也说不定从此会脱颖而出。


对于凡·高来说，崭新的日子何时会来临呢？

其实，在他的心灵深处，这个日子早已来到了。

想做传道士的目标惨遭失败，埋怨是没有用的，必须要面对现实，好好反省才对！在目前的情况下，应该怎么办呢？

德奥弟：

　　我目前唯一担心的是，自己到底能做什么？到目前为止，我竭力想去帮助别人，但为何总帮不上呢？

　　我所要说的是，即使是一张图画，也像音乐般可以使人

播种者（1878.6）

陶醉并从中获得安慰，我到底要靠什么去获得安慰呢？

　　我常常告诉自己，再度拿起铅笔，开始画画吧！只有在那个时候，我才会完全改变自己。

　　德奥弟，你不必为我担心，只要能继续工作，我一定会成功的。

　　凡·高终于找到自己的世界了——绘画。

　　从孩童时候起，在不知不觉中所接触的世界里，绘画始终伴随着凡·高，现在若能继续向前进展，那真是好极了。

　　每想到这里，凡·高就会联想到过去那段极端痛苦、落魄、迷惑和到处飘荡的日子。　不过，现在总算有了一线生机。　不管会碰到怎样的困难，一定要继续走上这条路。

　　凡·高在一位名叫杜留克的矿工家里租了一个房间，早晚跟房东的孩子在一起，房间虽然狭小，但这里却是凡·高的第一间画室。

　　凡·高开始画画了。　早晨一起床，就去速写矿工匆匆出门的情形。　回到房间后也不休息，接着又临摹米勒和伦勃朗的作品，有时也到庭院去画画。

　　转眼又是初秋，今年似乎特别冷，凛冽的寒风从平原吹来，令人瑟瑟发抖。　不过，凡·高的内心却一直在燃烧。　他思索着该怎么把心里的东西显露出来才好，那些东西又是什么？

　　当父亲寄来的钱用光时，他就只好将几张速写拿去换一些面包和五六个芋头，有时候甚至好几天都没东西吃。

　　这样三餐不继的日子结果会怎样呢？不用

矿工

说，凡·高的健康自然是每况愈下。

凡·高回到家乡，孤零零地进入牧师公馆。老父怜悯地看着衣衫褴褛，身无分文，仅携带几幅素描回来的爱子。而眉头深锁、脸颊瘦削的凡·高，一句话也不愿多讲，一副狼狈不堪的样子，显然又惨遭失败了！

老父用爱惜的目光望着这位已 26 岁，却尚未步入坦途的儿子。

不过，父亲已经发现了一个事实：在凡·高碧绿的眼睛里，开始燃起了一股对艺术的热情。

凡·高开始继续画画，他写信告诉弟弟：

> 只要天不下雨，我就每天到野外去。我画了不少野外的房子和茅屋。同时，也画茅屋对面的牧场、水车、教堂院子里的大树、宽阔的地面、匆忙工作的木工，此外也画马车、马房和手推车等。
>
> 那幅《木工》画得最令人满意，想必你也一定会欣赏的。
>
> 我买了一册卡萨纽著的《水彩画指引》，不停地加以研究，获益不少，例如远近法，我已经学以致用。
>
> 我想告诉你的是，我的速写和绘画技巧居然有了进步。《耕作者》这幅画，我曾从各种不同角度来画它，至少画过 5 次，《播种者》也画过 2 次，《拿扫帚的少女》也画过 3 次。
>
> 此外，我又画了《戴白帽子的少女》、《生病的农

戴白帽子的少女

当然，我不会因此而满足。矿工、播种者、耕作者——我要不断地把这群人生活的真实状况描画出来。

文森特·凡·高埋头苦干，豪情万丈。但是有一天，他突然一句话也不说就离家出走了。

他到哪里去了呢？

## 结识良师益友

凡·高一口气走到布鲁塞尔，住在车站附近的一间新盖的房子里。

他立刻给家里和德奥写信。

德奥弟：

我不得不匆匆忙忙做这个决定，希望父亲能每月寄60荷币给我，其他的事大可不必担心。我要在比利时的首都好好地充实自己。我一到这里，就马上到美术馆去参观，只要能欣赏名家的杰作，我就心满意足了。

凡·高所盼望的是，追求新知识并结识一些美术家，以便互相切磋、鞭策自己进步。

他把这个心事告诉德奥，德奥果然不负大哥的期望，立刻协助介绍了几位美术家。其中一位是荷兰画家冯·拉帕尔特，凡·高专程去拜访他。

拉帕尔特是一位富有的贵族，当时仅有 22 岁。他对描画农夫与工人生活很感兴趣，这使凡·高十分感动。

他们一开始就建立了深厚的友谊。拉帕尔特认为眼前这个人极有个性，因为凡·高单刀直入地问他"美术家的解剖图"，并从头到尾讨论了三次。凡·高曾亲临美术馆去描摹大画家的作品，而且也读过各种书籍，简直一点闲暇时间也没有。

尽管如此，他还不断地抱怨："非要赶紧再下些苦功夫不可。"

在拉帕尔特的画室里，凡·高跟他一起研究远近法。

此外，他也开始以老仆人、工人、青年和士兵等作为素描的对象。

冬天过去了，拉帕尔特回到荷兰的家乡，凡·高又陷入了孤独。

对于目前的凡·高来说，布鲁塞尔的生活费未免贵了些，他实在难以支撑下去。因此，除了回家以外，他再没有别处可去，而且返回父母亲身边，至少可以免去吃住的费用。

1881 年 4 月，凡·高又回到家乡。一进家门，父亲便告诉他，弟弟德奥已经寄了好几次钱回来，要父亲转交给他。

德奥对大哥经济上的支持，一直维持到凡·高去世为止。

整个夏季，凡·高都生活在幸福中。

家人看到凡·高终于发现自己的目标，都很为他高兴，纷纷从旁鼓励。

期间，拉帕尔特曾经来访，并且停留了几天，德奥也特地从巴黎回来探望大哥。

凡·高怀着敬爱之心，给头戴黑色帽子、身穿白领黑袍牧师服装的父亲画了一幅肖像，59 岁的父亲一直用深沉的眼神注视着他。

有一天，父亲对他说："我们家的一位亲戚安顿·莫普，也是鼎鼎大名的画家，不妨把你的画拿给他看看。"凡·高答应了。

当时，莫普刚刚 40 岁出头，满脸胡须，他很欢迎凡·高的来访。

其实，他对这位表弟的绘画天分早就有所耳闻了。

表弟坎坷波折的遭遇令人慨叹，而莫普是被一群荷兰富翁阶层推荐的成功画家，相形之下自己真是太幸运了，莫普以这种心情欢迎凡·高。

当他看见凡·高的速写作品时，忽然紧张起来。莫普仔细看了两三幅作品，然后给了这位表弟几点诚恳的忠告："尽量反复练习模特儿的写生，你要用木炭、白墨笔和刷子，并且要勤加练习才好。"

凡·高感激之余，兴高采烈地回家去。他深信莫普足以激励起自己的才华。

几天以后，文森特伯父大概从莫普口中听到一些消息，得知这位潦倒不堪的侄子具有卓越的绘画天分，特地送来一箱水彩画用具。

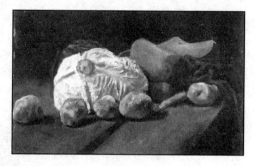

卷心菜和木鞋

凡·高大喜过望，便如醉如痴地埋头作画。

为了能熟练使用铅笔、木炭、笔、油墨和水彩，他不分昼夜地练习。他写信给弟弟说：

德奥弟，我深深觉得人物的画法对风景画的影响极大。即使画一棵柳树，只要设法赋予其某种生命力，自然能画得栩栩如生。把所有注意力贯注在这棵树上，一直到呈现生命，否则绝不停手。

倘若不用画人物的心情来画树木，画出来的树木将犹如没有骨骼的人物一样。

从今以后，我不会再像以前那样站在大自然面前茫然凝视了。其实，大自然总会分散艺术家的注意力，若想努力克服这一点，一定要朝着正确的方向前进。

大自然是很难捉摸的，但是，我非使劲儿捉住它不可。

目前，我还不敢说自己有了相当的造诣，但我自信已经渐入佳境了。

这个时候的凡·高好像春天野外的云雀一样快活起来。

夏天，牧师公馆来了几位访客，其中有一位带着4岁幼子的女性，名叫凯伊·佛斯。

她是凡·高的母系亲属司多利凯尔牧师的女儿，最近死了丈夫，今年才24岁，凡·高似乎爱上她了。

凡·高当然会和一般人一样憧憬人生美景，例如偕同娇妻爱子、享受丰衣美食等，这就像孩童时代编造的故事——建立像鸟巢般温暖和睦的家庭，该是何等的幸福！

凯伊·佛斯

凡·高的脑海里，又浮现出当年向薇斯拉倾吐爱情时的回忆，不免犹豫起来，倘若再遭拒绝，该怎么办呢？

每次到野外写生时，凡·高都会邀请凯伊带着孩子一起前往，当孩子到一边玩乐时，凡·高便趁机停下笔来，陪着她聊天。凡·高热烈地爱上凯伊了，结果如何呢？可以看他写给弟弟的信。

德奥弟：想象中的事终于发生了。

今年初夏，我似乎深深爱上了凯伊表妹，无法自抑地将情感投注在她的身上。不料，她却毅然回答："我要自己过一辈子。"

碰到这种情形该怎么办呢？难道非听她说："不，绝对不行。"这句话不可吗？倘若还有一线希望，是该灰心，还是该继续追求下去呢？

我选择了后者，我不会放弃这个想法，凭自己的本性也不会放弃。我要拼命用功，实现自己的愿望。自从见过凯伊之后，我的工作境况也突飞猛进了。

构建鸟巢般的温馨家庭的美梦终于破灭。受惊的凯伊回到阿姆斯特丹。但是，凡·高仍然不死心。

他每天都写情书，对方不但不看，反而原封不动退了回来。

凡·高的父亲对儿子的求婚持反对的态度，并且严厉指责儿子的做法。于是，父子之间起了冲突。

凡·高暗下决心，准备亲自到阿姆斯特丹找凯伊谈判。他把德奥弟寄来的钱存起来当旅费，起程前往阿姆斯特丹去了。

德奥弟：那天夜里，我在阿姆斯特丹，为了找寻凯伊的家，竟然步行到凯塞尔斯格拉哈。当我按门铃时，她们一家人正在吃饭。

除了凯伊之外，大家都坐在餐桌前，每个人面前都放有碟子。

大家都骗我说她出去了，但我深知她仍在家里，这倒是很滑稽的事。

"凯伊在哪里？"我问。

"她出去了。"她母亲回答。

"她一听说你来就出去了。"她爸爸说。

这时候，我努力保持镇静，态度亲切地跟他们交谈。不料情绪逐渐激动起来，我的癫痫症发作了。

我伸手抓住身边的灯罩说："我的手要伸进灯罩里。让凯伊出来见面吧。"

她的爸爸咆哮起来："混蛋！"说完就把灯熄掉，并表示决不让她出来见面。我心里感到一阵难过。爱，已经消失了！

你知道我是信神的，我也不怀疑爱的力量。但是，我却逐渐感到神已把我抛弃了！

这一次，凡·高受到了重大的打击，跟当年追求薇斯拉失败后的情况一样。

陷入绝望而无精打采地回家的凡·高发现全村的人都在嘲笑、谩骂他。

啤酒杯与水果（1881.12）

"怎么这样不自爱呢？连自己都养不活，还要追求人家的寡妇，真是岂有此理！"

他们父子之间的感情也愈来愈恶化，父亲骂儿子不道德。

凡·高在家里陷入了沉痛与苦恼之中。为了逃离这种环境，12月初他便前往哈谷。

曾在去年夏天赞赏他才华的安顿·莫普，可算是一个真正同情他、了解他的人。

莫普欢迎这位不速之客，同时很诚恳地安慰他、鼓励他。凡·高满怀感激之情，把自己画的速写作品给他看，请他指点，几乎对他执弟子之礼。

莫普也毫无保留地指导他有关油画的初步常识。接着，凡·高画了几幅静物。

"祝贺你初次登入堂奥，我送你画具箱和调色板。"

莫普说完之后，就拿出一套画家所应具备的工具来，凡·高大喜之余，就把画好的静物——萝卜、芋头、红番薯和苹果等作品带回家去。

牧师公馆里依然是冷冰冰的气氛，令他十分难受。

德奥弟：

圣诞节那天，我跟爸爸大吵了一架。爸爸让我干脆离家算了，看他语意坚决，我在当天就离家出走了。

吵架的原因表面上是由于我拒绝上教堂，记得我当时气愤地回答："纵使是义务，今后也绝对不去教堂。"

事实上，还是因为凯伊的事……

离开家的凡·高又去了哈谷，莫普在车站附近的巷子里给他找到一间小画室。在这里，凡·高一面接受莫普的教导，一面拼命地作画。

德奥：

纵使我倒下 99 次，到了第 100 次我也应该能够站起来的。但是，现在已经不能要求父母亲资助我生活了。

不用说，在你能力范围内，若能偶尔寄些钱给我，那是最好不过了。

这里的大自然，美景如画。只要我的油画技巧有所进步，总有一天能够将这种美景表现出来的。

德奥弟啊，色彩实在是伟大！

我的大部分生活几乎都投入在油画里了。这种决定不知对不对？

好几天过去了。

莫普一直待他很亲切，所幸有莫普的照顾，凡·高才能以画家的身份出入当地属于画家集团的普利库利俱乐部。

因此，他每周享有两次免费描画模特儿的

被风吹歪的树

凡·高
Fangao

机会，同时也能借此机会认识许多画家。

可惜，他跟莫普的关系并没有能够维持很久，不到一个月，莫普似乎就显露出一副冷淡的态度。

一天，莫普不客气地把凡·高的作品摔在地上说："你非从头学起不可，每天好好画画石膏像。"

凡·高在自己的画室里，虽然也准备了阿波罗像以及若干手脚的石膏模型，却没有心情画下去。他暗暗地埋怨："尽画这些无生命的东西有什么用？"

德奥弟：

有一天，莫普用最无聊的语气跟我谈到石膏模型的保管问题。当时，我虽然竭力抑住自己的情绪，但一回到家脾气就发作了，把阿波罗像摔到煤炭箱里打得粉碎。

我对自己说，倘若这个纯白色的石膏像能恢复原状，且手脚都还在的话，莫普一定又会叫我画了。

后来，我对莫普说："我实在听不进去，请你别再提到石膏模型了。"

结果，莫普来信说，不要再见我了。

凡·高又变得孤独而落魄。不久，他就为金钱的事情操心了，虽然德奥每月寄来 100 荷币，但只能维持短暂的日子。每到月底，他连续几天都吃不到面包。

"我需要钱用，干脆卖画算了！"凡·高一直考虑卖画的问题。

3 月初，他毅然拜访了以前服务的那家高比尔商会的哈谷分店经理德尔斯特哈，拜托他买几幅画。

经理见以前的店员来卖画，倒觉得很有趣。他把凡·高带来的几十幅作品评长论短一番才花 10 个荷币买了一幅，而且还以讥讽的口吻说："最好画些比较好的水彩画。你的主题和手法都无法吸引顾客的注意。此外，最好常用模特儿。"

凡·高一句话也没说，只把当时的心情通过书信告诉了德奥弟弟。

村舍

德奥弟：

德尔斯特哈在我面前胡扯一番，说我最好别吃饭，把钱储存起来，否则没有模特儿怎能画画。他又说对于人物画家来说，没有模特儿无疑是死路一条。

3月的某一天，有一位做画商的柯尔叔叔特地从阿姆斯特丹来访，并向凡·高订购了一些画，他真是喜不自胜。

德奥弟，简直是奇迹！

柯尔叔父向我订购了12幅哈谷风景的小版画。其中有几幅已经画好了。

柯尔叔父跟德尔斯特哈一样，谈到生活费的问题时，也胡说八道了一番。当时，我就趁机对他说："为生活而绘画吗？这到底是什么意思呢？——是否表示应该多画些畅销的作品呢？生活过不下去，的确是很痛苦。无奈，我的运气不好，虽然拼命想赚点钱，结果依然不能如愿，这真是极大的不幸。如果说，我的画比不上面包，那就太过分了，等于是叫我难堪。"

我担心叔父听了我这番话会大发雷霆，幸好他

没有。

　　明早，我要去找画题。

　　对于当时的凡·高来说，柯尔叔父特地来订画，诚然令他高兴万分。 不过，他叔父所期望的作品，是像明信片上那种市内的名胜古迹之类的，而凡·高所画的，却是贫困市街的景色。结果他只订购了一次，就再没有下文了。

　　"文森特啊，现在你真正想画的是什么呢？"

　　倘若有人这样询问，凡·高怎么回答呢？

　　他可能会说："人，我想用好的模特儿，画出真实的人来。"

# 梦幻般的鸟巢

　　**这**两天凡·高把速写用具收拾好，独自一个人失魂落魄地在哈谷的大街小巷徘徊。

　　1882 年 1 月的一个夜晚，他偶然走到一间酒店旁边，跟一个陪酒女郎聊起天来。

　　那个女人名叫库莉斯吉娜，高高的个子，身体虽然很结实，但是，由于长久以来悲惨的生活，而且沉迷于酒色，她显得疲倦、瘦弱、脸色苍白……从童年时代起，她就尝尽了人间的苦难和辛酸，无疑是被神所抛弃的女人。

　　凡·高知道她的身世以后，很同情她。

　　"你能做我的模特儿吗？"凡·高请求她。

　　"像我这种人能够做模特儿的话，高兴都来不及呢！不过，你得付我报酬啊。"她答应了。

　　于是，她就成为凡·高的模特儿了，凡·高立刻写信告诉德奥弟弟。

德奥弟：

　　现在，我结识了一位模特儿，而且不只她一个人，连她的家人也答应跟我合作了。她本人30岁，有一个10岁大的女儿和55岁的母亲。这一家贫困的人，都高高兴兴地愿意为我摆出各种姿势。这个女人的面孔并不美，脸上长满疤疮，不过身体却很好看，相当吸引人。

　　她们的身材都很不错，尤其是穿上黑色毛织品和漂亮的外套时。

　　你无须担心模特儿的费用，因为我事先已跟她们谈妥了，只要能把画卖出去，每天支付1荷币。

　　虽然库莉斯吉娜情愿为凡·高摆出各种姿态，但大都显出委靡的表情，背部呈弓形，坐姿多为侧面。

　　其中有一幅题名为《悲伤》的素描，赤身裸体的瘦女人把脸伏在两腕上，画上有凡·高写的几句话："在这个世界上，一个被抛弃的女人陷入了绝望中。为何会有这种事发生呢？"

　　凡·高全力协助这个不幸的女人，给她吃有营养的食物，带她到医院检查，为此，他甚至连自己仅有的衣物也卖光了。

　　库莉斯吉娜除了做模特儿之外，也给凡·高缝补衣服或料理三餐。

悲　伤

德奥弟：

我碰到一件令人感动的事，那个可怜女人跟我说，不给报酬亦无妨。但是，我拒绝了。她有时候会这么说："我今天并不是来做模特儿的，只是来看看你今天晚上吃些什么。"

接着她又端些豆类和芋头过来。

可见人生还是有存在的价值。德奥弟啊，米勒这个人真了不起！昨天，我读了一本关于他的书，我发现一句有意义的话——"艺术是战斗"，我必须将生命献给艺术。

不久，凡·高和库莉斯吉娜的事闹得满城风雨，成了人人皆知的花边新闻。

"真是无聊的男人，竟跟那种不三不四的女人鬼混，不觉得羞耻吗？"

连难得一见的莫普，也将他臭骂一顿。凡·高却不去理他。

德奥弟：

我不知道那些正闹得满城风雨的花边新闻到底是在责备我什么！抛弃女人跟拯救被抛弃的女人，到底哪个是高尚的？谁是男子汉？

去年冬天，我结识了一个可怜的女人并请她当我的模特儿，整个冬天合作愉快。

多亏这样，我才解决了生活问题，而且能让她和她的孩子免受饥寒交迫的折磨。

如果是别的男人，在这种情况下，恐怕也会跟我采取相同的做法。不过，我生活的来源是你提供的，你听到这些消息时，不会背弃我吧？我还等着你的回信。

凡·高认为，若要拯救这个女人，唯一的办法就是跟她结婚。

不过，这样一来，恐怕连德奥也会反对的。

林中的白衣少女（1882.8）

倘若勉强结合，不但会遭到家庭和朋友的唾弃，恐怕也不会被社会接受。凡·高很可能会陷入贫困，以致死无葬身之地。但他跟以往一样，并不考虑后果。

德奥弟：

虽然这种做法不能被世人谅解，但我倒不以为是坏事。因为我可以靠做工谋生。

我对她说："我是穷光蛋，你跟我在一块儿，受得了吗？如果不能忍受，今后干脆一刀两断算啦。"

"不论你怎样贫困，我也会跟你在一起，决无二心。"她回答道。

如果我们要结婚，生活上就得尽量节俭。因此，我要努力工作。我今年30岁，她比我大一岁，双方都不是小孩子了。

在此以前，没有一个人帮助过她。她真是一个被

抛弃的女人，孤苦伶仃。 我曾怀着真诚的爱和温暖的
心对待她，她也能感受到我的情感，正在自救之中。

若真心要拯救她，只有这一条路可走。

不久，凡·高全身发烫，神经错乱，晚上睡不着觉。 情况
愈来愈严重，6月初，他终于入院就医。

库莉斯吉娜也因生产而进入附近的莱丁医院。 凡·高暗中
下了决定：待她生下孩子后就跟她结婚。

凡·高在医院里住了将近一个月，好不容易才恢复健康。
出院以后，他立刻去探望库莉斯吉娜。

她无精打采地躺在病床上，抱着一个睡得正甜的小男孩。
凡·高好像看见自己的儿子一样，用手轻轻地抚摸他。 同时安
慰库莉斯吉娜说："你恢复健康以后，就搬到我家来，我会尽量
照顾你的。"

为了迎接她，凡·高想出了一套计划。 他用德奥寄来的钱
租了一间稍微大一点的房子，又到家具店去买了一个大衣橱。

出院后的库莉斯吉娜和婴孩以及另一个女儿，就在这里安顿
下来，梦幻般的鸟巢家庭，就此成立了。

凡·高终于生活在幸福中了。

德奥弟啊！ 如果你能来看我，你就会安心的。 我
不再消极，也不再悲伤了。

我要尽量让这个可爱的家庭充满生气，并且让这个
家成为真正的画室，这里有孩子的椅子和一个衣橱。

不过，由于德奥的坚决反对，他并没有跟库莉斯吉娜举行正
式婚礼。

凡·高兴致勃勃地开始工作了。 他画婴儿的摇篮——一个
属于自己的乐融融的家庭。

他也画柳树，柳枝虽柔弱，但能抗拒暴风，不为所折，树上

还有鸟巢，这一切情景宛如自己的生活。

不过，对于凡·高来说，这只不过是幻想中的家庭罢了。

冬天来了，德奥的担忧果然成了现实。凡·高债台高筑。

接着，他与库莉斯吉娜的感情几乎崩溃，除了贫穷之外，还有其他原因。本来，凡·高的爱情完全出于同情，如今似乎正逐渐在改变，他开始以冷静的眼光注视身边的这个女人。

"以前，我对德奥弟说你是'一只乖巧的鸽子'，但是，现在的你，似乎变成'破坏巢穴的窝囊雌鸟'了！"

她一听凡·高的讥讽，不禁大发雷霆地吼起来："你胡扯什么？像你这样一毛钱也赚不来的人，才是真正的窝囊丈夫呢！"

凡·高此时突然想起医生的警告："这个女人患有神经病和酒精中毒等恶疾，再过几年，你就得小心提防了！"

田地（1883.4）

库莉斯吉娜常常偷偷喝酒，尤其她的母亲居然从旁兴风作浪。

"跟这种穷画家鬼混，倒不如早日分开好，难道他会有出人头地的一天吗？不如回到我这里，跟以前一样生活，自由自在，谁也管不着。再说，他连模特儿费用都不肯支付，显然把你当野鸡啦！"

话虽如此，倘若凡·高现在就把她甩在一边，她马上又会陷入以前那种暗无天日的生活，这样做未免太绝情了！

在这种情况下，凡·高内心的苦闷与日俱增。

1883年5月的信里，他把此事告诉弟弟。

德奥弟：

上次给你写信时，我就告诉过你，库莉斯吉娜目前陷入了困境。她的母亲要她离开我，因为她母亲嫌我的收入太少。如果我现在就离开她，无疑是再度把她推入火坑，我能这样做么？

德奥很为大哥担忧，8月时特地从巴黎赶来探望他并帮他还债，也劝他离开那个女人。

凡·高曾一再阻止库莉斯吉娜去看她的母亲，但是库莉斯吉娜总是偷偷地到她母亲家去，回来时总是酒气熏天。凡·高咬着牙说："我要到杜雷特去画画，你跟孩子也一起去。"

库莉斯吉娜则不理睬他，因为她根本没有去的意思。

一切到此结束了。

德奥弟：

今天，我跟她做了最后的谈话。我说："为了工作，我必须离开这里。你大概不是一个诚实的女人，但是，你要是尽可能诚实，我也会画得尽可能诚实。只要你能认真工作、把孩子教育好，纵使你去当女佣，孩子们也会尊敬你的。不管你有什么缺点，在我的眼中，你还是一个很善良的女性。"

德奥啊！我之所以不想离开她，你大概能理解我的心意吧，因为我们曾经一直能够原谅彼此的缺点，并重归旧好……

我不知道这是不是爱情，但至少我们两人之间曾有美梦存在过。

凡·高把剩余的一块油画布料递给库莉斯吉娜说："把这个拿去给孩子做衬衣。"

虽然她怀里的孩子不是自己的亲生骨肉，但是，凡·高仍然非常喜爱他。

凡·高一手创建的家庭终于以悲剧收场。此后，该要梦想怎样的鸟巢呢？凡·高不愿再回忆过去。

只有前进，不论有任何变化，都必须努力画画，这才是实在的生活。

# 它并不是一条
# 普通的狗

**多**年来，凡·高已经被磨炼成了一个卓越的艺术家。他明白自己的能力，也似乎能很明确地判断世界与自己的区别与联系。

他给德奥的信里，似乎每一句话都能预料自己今后的命运。

德奥弟：

我料想自己今后作画的时光，大概还有 6 年到 10 年光景。长命或早死，对我来说都不是什么了不起的事。

有一件事倒是非常确定的，那就是在这短暂的时光里，我必须完成自己该做的事情。

过了 30 年放浪与漂泊的生活，欠下无法偿还的债务以及许多无法解决的事情都让你惦记着，我只得怀着感激的心情，将所有的素描和油画留给你做纪念。

1883 年 9 月，凡·高前往哈谷。该地位于荷兰的北部，到处都是花草茂盛的原野，而且还有风车、奇妙的桥梁、黄昏时的云霞，变化多端的大自然真是美妙无比。此外还有倾斜的茅屋、各种不同的树木。运河里的满载煤炭和麦秆的小船，十分忙碌地往来着。

凡·高租了一间面向杜雷特的阁楼，就开始努力地作画，别人看见他那副模样，都嘲笑他是土包子。

然而他却毫不介意，自己是孤家寡人一个，反正已经习惯了，就跟大自然做朋友吧。

沙丘风景(1883.8)

凡·高给弟弟写信，如同作画一样地积极。

德奥弟：

小块麦田的边缘呈现出清朗的色调，秋天的落叶在微风中飞舞，发出瑟瑟的声响，金色的树叶和黑色的树干形成鲜明的对比。

充满光辉的天空没有一点儿阴影，那是一种无法形容的紫色，其中掺杂着红、青、黄等各种颜色，不管我走到哪里，始终能发现它在我的头顶上。

凡·高始终觉得自己的画笔，有一种未曾有过的轻快感。

德奥弟：

我的内心近来发生了某种变化，我正孤独而寂寞地站在这灌木丛生的荒野上，感到自己的心灵正逐渐坚强起来。

在我的心里似乎蕴藏着某种卓越的东西。

不久，寒冷的严冬来临，凛冽的寒风吹袭荒野，像尖刀似地刺入肌肤，令人全身颤抖起来。沼泽地里更是阴雨连绵。

凡·高携带着画具，到处走来走去，如同丧家之犬到处被人追赶。 他希望找个有取暖设备的房子，或是找到一户住家。

到哪儿去找呢？究竟要上哪儿去呢？

12月初的一天，脸色苍白、瘦弱、疲惫而又孤独的不得已只能回到早已搬到诺恩讷的父母身边。

诺恩讷的牧师公馆位于村子的大路旁，算是一栋相当漂亮的房子。

这是一幢两层楼的建筑，墙上爬满了常春藤，茂密的树林围绕着庭院。

凡·高与父亲间的关系比从前稍有改善。 凡·高因病住院时，父亲曾经送来一些衣服和食物。

两年来，凡·高历经了一连串的失败，德奥特牧师会不会不欢迎这个光吃饭不做事的儿子呢？

他轻敲着大门，此时，父母和弟妹们都还在休息。

凡·高竟突然出现在他们面前，大家都很亲热地欢迎他，然而，却仅止于此，因为大家都很难进一步地了解他。

父母亲暗自思索："我们跟这个儿子好像要用不同国家的语言交谈似的。"

凡·高在牧师公馆停留期间，把洗衣服、堆置杂物用的屋子收拾干净当做画室用，然后就开始作画了。 他以农夫和纺织工人作为素描的对象。

不在画室的时候，他就穿着当地百姓穿的工作服，戴着小帽，一个人在牧场、沼泽边和泥炭地里走来走去。

在这里，德奥特牧师很受村民的欢迎，大家都非常喜欢他、尊敬他；可是，对他那个突然归来的儿子，却都冷言冷语，不表示欢迎。

村民们造谣，说他的坏话并对他投以轻视的目光，这使凡·高觉得自己像一只癞痢狗。

德奥弟：

　　我感到最伤心的，莫过于离家两年后再回到家里

时，大家表面上对我非常亲切，可是，彼此心中仍存有隔阂，家人根本不理解我。

我待在家里时，大家似乎把我看作一条大笨狗，我的心情坏透了！

这条狗所到之处，似乎也给大家带来了无限的麻烦，因为这条狗大声狂吠，又臭又脏。

其实，这又有什么关系呢？它有过无数坎坷的经历，它有一颗善良的心，它并不是一条普通的狗。

它目前虽然被人饲养着，但陪它一起生活的，好像都是些小毛虫。所以，它一定得去找个狗窝才行。

这只狗是父亲的儿子，它长期在原野上生活，所以野性难改，但是，饲养它的主人却忘了这一点。

而这只狗本身也不懂得自爱，并未把野性稍微收敛一些。

也许它会突然心血来潮，对着某人狂叫不止。果真如此的话，不妨叫猎人过来对准它发射一枪，杀死它算了！

其实这只狗私底下也很懊悔，因为即使是在那灌木丛生的原野上，孤独感不会比在家里少。

它在胆怯之余，也跑到村庄里来，希望大家能宽恕它的错误，打算今后不再这样可怜兮兮的了。

德奥接到这封信，深受感动，立刻写信给父母亲，婉转劝告他们，不要折磨这位绘画天才，应该以冷静、温和的态度鼓励他才对。

这封信果然有效，父亲与凡·高经过一番诚挚的恳谈以后，终于取得了彼此的谅解，父子间的感情也恢复了。

德奥特牧师写了一封信给德奥说：

关于文森特，起初我们真不知道怎么办，幸好现在一切都慢慢好转了。

为了让他能安心画画，我在他房间里装了一架很好的暖炉，床底下本来铺着石块，我把它装上木板，免得他的身体受到湿气。我问他要不要开一个大窗户，他回答说不要。

沼泽中的两个女人（1883.10）

总之，我们鼓起勇气展开了一项新的实验，打算为他选择一些他所喜欢的衣服。他一向喜欢按照自己的理想和计划行事，但却也不能过分固执，这正是他的缺点。

不过，有一个不可否认的事实，你大哥对于绘画确实非常热心，自从他回家以后，已经画完了好几幅素描，我时常暗中注意他的行动。

凡·高为了把留在哈谷的画具带回家来，又特地到哈谷去了一趟。

这一次，他又见到了库莉斯吉娜。自从离开凡·高之后，她就去帮人洗衣服，生活愈来愈清苦，健康状况一天不如一天。当凡·高看见孩子那张营养不良的面孔时，心如刀割。无奈的是，自己也帮不上忙。

凡·高跟她匆匆谈了几句话，就回到诺恩讷的牧师公馆了。这是他们最后一次见面。

1884 年 1 月中旬，他们家里发生了一件意外事故。母亲到省城去办事，下火车时，不慎跌断了右大腿骨，结果被抬回家里。

"凡·高太太若不疗养半年，恐怕不能走路，说不定将来会

凡·高

变成跛足。"医生说。

此时的凡·高好像变了一个人似的，日夜在母亲的床边服侍。从前，他在玻里那玖矿区传道时，也经常照顾受伤与生病的矿工们，因为有过这种经验，所以他懂得怎样服侍病中的母亲。

大家看到这种情形，不禁感到惊讶，因此也就对他另眼看待，日子一久，对他的态度自然改变了。

凡·高的母亲

"文森特实在是伟大，不愧是牧师的好儿子。"

凡是到牧师公馆来探病的人，都深受感动，异口同声地称赞他。

在凡·高的心里，也在暗自思索："倘若继续服侍母亲，还得再待上一段时间才行，爸妈对我的看法也就会不同。"

他母亲的病情稍有起色后，往往由于一点儿小事就发起脾气来，好像完全忘记了儿子侍候的辛苦，两个人又争吵起来。

凡·高一怒之下飞奔出去，怀着激动的情绪画画，内容不外是农夫种植芋头、放羊、饲养羊群、满载芋头回家的情景。

有一次暴风来袭，凡·高匆匆忙忙地跑回家去，母亲躺在病床上，一位邻居小姐正在牧师公馆探望母亲，这位小姐名叫马克·贝海曼，年龄已有40岁，仍是单身。

她长得不怎么漂亮，也没有特殊才艺。不过，她对凡·高却一见钟情。

有一天，贝海曼向凡·高表达心里的爱意，使他吓了一跳。那是他生平第一次尝到女方主动示爱的滋味。

凡·高很快就接受对方的爱情，而且准备和她结婚。他心里暗喜说："这次也许能够建造一个真正的鸟巢了！"

不料，女方的家长却表示反对。

"什么？我女儿要嫁给那个衣冠不整的穷画家吗？简直是笑话！我决不会答应。"

这位已年届40岁的老小姐会不会放弃自己的爱情呢？没有，她在伤心绝望之余，暗中下了决心。既然全家人都反对她下嫁给自己的心上人，干脆服毒算了。

纽南的小教堂(1884.10)

德奥弟：

最近发生了一件可怕的事！

当天贝海曼小姐跟她家人谈起结婚的事情时，由于遭到家人的一致反对，她在绝望之余服毒了！

早在3天以前，我就曾跟医生谈到过她的情况，她的哥哥也在暗地里密切注意。

你不是读过那本《包法利夫人》（法国小说，福楼拜著）吗？其间谈到因为神经病发作而死的事，这正与贝海曼的情况相似，唯一不同的是，她是服毒。

记得有一次我俩静静地散步时，她对我说："倘若我现在死去，那是多么愉快的事！"

当时，我完全没有发觉她的异样，不料，第二天早晨她忽然倒地，我以为是她身体虚弱，后来才发现情况不妙。

她喝下了不少农药。我们立刻把她送进医院，我想，她也许过一阵子就会恢复健康。谁知道，事与愿违，你大概能够想象得到我为了这件事，心中是多么伤痛吧！

# 杰作《食薯者》

**此**后，凡·高的生活只有绘画，他不断地画素描与油画。他十分热衷于画油画，可以说，凡·高这位油画家现在才正式诞生。

他油画的主题，大致可以分为三个方面：

第一种是教堂、牧师公馆、水车小屋和农家等具有当地特色的大小建筑物。

第二种是鞋子、瓶子、水桶和蔬菜等一些静物——这大概是他跟贝海曼朝夕梦想的家园和日常生活的场景。无奈梦幻破灭，只有借助这些静物画来表达相思之情了。

第三种是当地工作的农夫和纺织工人。

1885年3月，又有另一种主题诞生，他对这幅画下过一番工夫，题名是《食薯者》。

德奥弟：

本周，我着手画一幅画，主题是晚餐时农夫们围在一起吃芋头。现在我刚回到家里，借着灯光画这张画，每天从早忙到晚，费时整整3天。

不料，26日发生了一件令人意想不到的事。

父亲从外面散

食薯者(1885.5)

步回家时，倒在了牧师公馆的大门口，大伙儿忙着把他抬进屋子里时，他已经气绝去世了。

我虽然常常跟父亲争吵，结果都是与他言归于好，可是他始终不理解我，实在是遗憾！

一想到这里，凡·高不禁悲从中来，失声痛哭。

以德奥为首的亲属们都聚集在一起，举行亲属会议，讨论凡·高父亲的后事。这时候，凡·高想尽量不与人闹意见，便站在一旁默默不语。

当他们讨论到继承问题时，凡·高坚决表示："我只希望今后无拘无束地生活，不要父亲的财产。"接着请求德奥："你回巴黎时，我也跟你一起去。"

德奥回答说："大哥，请你再忍耐一段时间，不久我就要升级了，到那时再通知你来好啦。"

农妇像（1885 年 3 月）

凡·高再度埋首于《食薯者》，经过几次地修改，才算大功告成。

德奥弟：

在暗淡的灯光下，一群可怜的人伸手猛抓碟子里的芋头吃，这是他们自己耕作得来的成果，我正努力地想把这种意境表达出来。

我希望透过这幅画，让一些文明人了解世界上还有另一群人，过着跟他们完全不同的生活。我不计较别人对这幅画的评价。

我似乎正以一个农民的身份，怀着与他们相同的想法，同时努力描绘他们的存在。

德奥弟：

依我看来，要画农人，一定要先在大地上耕种。凡是与农夫有关的作品，只要设法让其中特有的味道充分发挥出来，就算是相当成功了。

至于画有牛的小屋，就得让它感觉得出牛的味道，这才是好的作品。田里的小麦、芋头的味道、鸟粪或家畜的粪便味……只有具有这样的特征，才是健康的。

关于农夫的绘画，绝对不能散发出香水的味道。

没有想到，这幅《食薯者》却把凡·高跟另一位画家朋友的友情给断送了。德奥的来信上说，他准备把大哥的作品介绍给巴黎的商人，所以要凡·高赶快把作品寄去，不管哪一类都没有关系。

凡·高立刻以那幅未完成的《食薯者》为题材，仅用一天时间便完成了石版画。

同时他又把另一幅送给冯·拉帕尔特。

不料，这位拉帕尔特脾气大得很，他责怪凡·高没有把丧父的消息通知他，一怒之下，竟然将那幅石版画给摔坏了。拉帕尔特又写信责备他说："你本来可以有更好的作品，为何粗心大意不仔细观察？为什么不去好好研究？角落

村舍前正在挖地的农妇(1885.6)

上那个女人的左手搁在水壶上，另一只手放在桌子上，这是什么意思？水壶放在那里做什么呢？既不安排在适当的位置，也不拿

在手上，简直无聊透顶！右边的汉子没有膝盖、胃和肺部，又是什么缘故？那个汉子的手为什么那么短？这种创作方法难道源自米勒的手法吗？你怎么这样糊涂？所谓艺术，必须是精心杰作，才能算伟大。"

凡·高受到极大的打击，是可想而知的事。他没有回信。

过了一阵子，凡·高的心情稍微平静之后，心想，不管怎么说，拉帕尔特总是一位知心好友，自己错在忘了把父亲逝世的消息通知对方，这是不应该的。

然而拉帕尔特对《食薯者》的批评则令凡·高无法接受，凡·高要求对方要冷静和客观，不要妄加批评。

于是，双方展开一场激烈的争辩，互不相让，最后演变到绝交的地步。

5月，凡·高正式完成《食薯者》。这就是凡·高现在留存下来的代表作之一。

不愉快的事情接二连三地发生了。

村民们开始对凡·高表现出不友好的态度，他的言行被视为异端。

凡·高跟那位新来的牧师处得很不好，于是，牧师禁止村民们做他素描的模特儿。

凡·高逐渐感到情况严重，不再要求模特儿的合作，整天把自己关在画室里，继续画芋头和郁金香的茎根等静物。

凡·高已经无法在诺恩讷容身了。但是，要到哪里去呢？他犹豫起来。难道要回到杜雷特的荒山郊野去吗？当然不行。那么，还有什么地方好去呢？

忽然，他灵光一闪，一个城市的名字浮现出来——安特卫普。

凡·高情不自禁地欢叫起来。

"我无论如何都得去安特卫普看看路贝斯的作品。"

这时，凡·高的脑海里响起拉帕尔特的严厉批评——《食薯者》太差劲了。

真的那样差劲吗？难道我搞错了绘画的方法吗？不妨到安特卫普看看，切实印证一下。

凡·高很快完成了仓促的旅行准备。

对！前进吧，把眼前的一切抛到脑后，奋勇前进吧！艺术就是战斗。

纽南的牧师住宅(1885.10)

凡·高朝比利时出发了，他做梦也没想到，这竟是他跟祖国的永别。

他把诺恩讷时期的作品全都塞进一个木箱里，请一位木匠代为保管，后来他却把这件事给忘了。几年后，这位木匠把这些画卖给了一家鞋店。

★★★★★★★★ 资料链接 ★★★★★★★★

## 《食薯者》

《食薯者》这幅画可以说是凡·高在诺恩纳时期的杰作。为了完成这幅作品，他曾画了许多农夫、农妇的肖像，对室内及手的素描，以及瓶子与水壶的静物画等等，这些均是对此画的习作。此画充满了情感，画面虽显得粗野，结构却十分紧密；以围聚的人物为中心，对形体加以把握；以德拉克洛瓦的色彩理论，构成种种暗灰色，从而完成了这幅佳作。

凡·高早期接触社会下层，对劳动者的贫寒生活深有感触。他受米勒影响，想当一名农民画家。《食薯者》便是他该时期的代表作。这幅画，充分反映了凡·高的社会道德感。他选择画那些农民，主要是因为他发现自己与这些贫穷劳动者之间，有某种精神上和感情上的共鸣。 他在给其弟弟德奥的信中写道："我想强调，这些在灯下的食薯者，就是用他们这双伸向盘子的手挖掘土地的。 因此，这幅作品描述的是体力劳动者，以及他们怎样老老实实地挣得自己的食物。"

围着餐桌而坐的四个农人，凡·高都曾作过个别习作。 那询问似的炯炯眼神，右端的农妇下垂的厚重眼睑，布满皱纹、凹凸不平的脸和手，充分地表现出大地上勤奋的劳动者的"力量"。 凡·高表示，他希望这幅画能强调出"伸向碟子的那只手，曾挖掘过泥土"。 同时窗外的景色，也令人深切地感受到煮薯时的香味。

凡·高深爱着朴拙的农人在大地上奋斗的情景，他认为这些与都市的文明相比，充分地显示出了光与力。 他明白这幅画或许不合当代人的审美趣味，但他渴望着能将这些示诸众人，唤起人们的责任感。

在这幅画上，朴实憨厚的农民一家人，围坐在狭小的餐桌边，桌上悬挂的一盏灯，成为画面的焦点。 昏黄的灯光洒在农民憔悴的面容上，使他们的形象显得突出。 低矮的房顶，使屋内的空间更加显得拥挤。 灰暗的色调，给人以沉闷、压抑的感觉。 画面构图简洁，形象纯朴。 画家以粗拙、遒劲的笔触，刻画人物布满皱纹的面孔和瘦骨嶙峋的躯体。 背景设色稀薄浅淡，衬托出前景的人物形象。 凡·高自己称这幅画是"表现主义的诞生"。 他说："我不想使画中的人物真实。真正的画家画物体，不是根据物体的实况，而是根据自己的感受来画的。 我崇拜米开朗琪罗的人物形象，尽管他们的腿太长，臀部太大。"有人指责他这幅画中的形象不准确，而他的回答是："如果我的人物是准确的，我将感到绝望……我就是要制造这些不准确、这些偏差，重新塑造和改变现实。 是的，你可以这样说，他们不真实。 但是，他们比实实在在的真实更真实。"

# 坎坷绘画路

　　一个劳动者的形象，一条耕地上的犁沟，一片沙滩，广阔的海洋与天空，都是重要的描绘对象。这些都是不容易画的，但同时都是美的。终生从事于表现隐藏在它们之中的诗意，确实是值得的。

——凡·高

# 前往巴黎的路

**比**利时的安特卫普是一个生气勃勃的港湾。

海上有海鸥在飞舞，水手们在喧闹，来自世界各地的珍贵货物堆积如山，站在石阶上向前眺望，真让人叹为观止。

凡·高在一家画具商房屋的二楼租下房子，马上给弟弟描述此地的风情。

德奥弟：

安特卫普深深地吸引了我，我到各个大街小巷去逛了一圈，码头和广场也去了好几次。

我一向住在灌木丛生的荒野以及寂静的乡下，一旦来到这样繁华热闹的地方，处处都有新鲜之感。我想知道跟你一起散步时，是否也能产生相同的感觉呢？

在大都市里很容易迷路，到处呈现不同的习俗、有趣的事物和新鲜的话题。

戴红色丝带的女人像(1885.12)

我不敢贸然闯到特别危险的地方去，只偶尔穿过一些小路和街巷，有些姑娘误以为我是船员而找我聊天，非常有趣。

　　我热衷于画肖像画，所以毫不犹豫地支付模特儿费用，要她们摆出各种姿势。想在这里找几个理想的模特儿，看来并不太难。

　　总之，安特卫普这个地方太好了。尤其对于画家来说，实在是个好地方。

　　我的房间还不坏，我在墙壁上贴满了小型的日本风景画，例如庭园、海滨小女孩的人物画以及花朵、树枝和骑在马上的日本武士等，这些画令我着迷。

　　凡·高之所以对于日本浮世绘的版画兴趣盎然，是因为离开诺恩讷以后，他阅读了法国刚库尔兄弟所写的书而受到影响。

　　来到安特卫普，看到从东洋航线回来的船员们，携带了不少当地的土特产，他便请求他们廉价转让给自己或自行到街上的旧货店去买，都能如愿以偿。

　　凡·高对于浮世绘所呈现的色彩赞不绝口。

　　有时候，他也到美术馆去找题材。

德奥弟：

　　我在这里经常上美术馆，但除了路贝斯的《约旦的脸与手》以外，其他没有什么可看的。路贝斯用纯粹而强烈的红色来画脸，并用强烈的笔触画出手指和肉体，这些手法都给我留下了深刻的印象。

　　路贝斯似乎善用色彩结合法来表示愉快、沉静和悲伤，结果都很成功。

凡·高全神贯注地注视着眼前的名作。

　　"啊，好棒的颜色！我的作画技巧虽然不如他，但我可不能示弱。"

凡·高坐在这幅画面前,目不转睛地凝视了很久、很久。

他心中暗下决心:"我要尽可能在这儿多住一段时间,不管碰到什么困难,我总要证明自己是怎样的人,到底是勇敢还是脆弱!"

凡·高在街上到处转悠,希望物色几位理想的模特儿。不久就把身上仅有的一点儿钱都花完了。未收到德奥的汇款之前,他只能啃干面包、喝白开水,有时候为了果腹,他竟也胡乱地抽起烟来。

留着胡子的老人像(1885.12)

德奥弟:

　　我正热衷于肖像画,现在完成了两幅作品,我开始研究肖像画时,就有意改变画法。可惜,你的来信使我很失望。你说:"因为我有许多开销,月底以前,请自行设法周转一下。"难道要我去借贷吗?渴望着我这样做的,是他们还是我呢?

　　你知道吗,我还有许多作品必须要完成,不管负担如何沉重,我也要继续画下去。

　　来到这里以后,我只吃过3顿较为像样的伙食。早餐由房东负责,晚餐只喝些咖啡吃一些面包,或吃白天买来放在皮箱里的黑面包。

　　只要我能继续画下去,这样的生活我也就心满意足了。每当模特儿回去以后,我便有些气馁起来。不过到外面作画时,我似乎又振奋了许多。

凡·高

*Fangao*

凡·高的健康开始恶化，牙齿一颗一颗地脱落，前后已经脱落了 10 颗，胃也有了毛病，咳嗽愈来愈严重，脸色显得很苍白。

他到医院去就诊，医生说，你要减少工作量或到乡下去呼吸新鲜空气，而且要多吃有营养的食品。

可是，穷困的凡·高怎么能做得到呢？

叼着烟斗的自画像（1886 年春）

1886 年 1 月，凡·高进入一家美术学校，这所学校不需要缴学费，每天都有模特儿。以前，他常常到街上花钱物色模特儿，现在可以把这笔钱省下来当做伙食费，因此，心情也就轻松多了。

凡·高那个班级，由贝尔拉教授当主任，学生有 60 人左右，同学们见到这位新同学，无不大吃一惊。

"那个家伙来干什么？"

大家都在暗地里窃窃私语起来。

他面色苍白、鼻孔突起、不修边幅、戴一顶毛皮帽子，完全是一副乡下农夫的打扮，不同的是他手上经常提着画板和画具箱。

当他开始作画时，又吓了大家一跳。他作画时的样子，真说得上是惊心动魄。画了又改，改后再画，只要觉得不妥，就全都擦掉，重新再开始。座位旁边到处放着画具和纸张。乱七八糟，好像狗窝一样。

有一次，贝尔拉教授厌恶地跑来质问了。

"你到底是谁呀？"

"我名叫文森特·凡·高，荷兰人。"

贝尔拉教授开门见山地对他说："我不要改这种乱七八糟的

画了，你赶快转到素描班去，从头学起算啦。"

凡·高果然老老实实地转到素描班去了。但是，全校师生好像都知道他的画法不大对劲。

根本原因在于他的画法跟教授的教法格格不入。不管凡·高怎样努力，结果还是被教授修改得面目全非。

"这条线画得不直，要改一改！"

可是，凡·高还是照自己的画法画下去，简直是拼着老命。他固执地回答："不行，我不想修改。"

"你为什么这样固执？赶快改过来。"

"我绝对不改。"

"你……"

凡·高漠然不理。

"这里也不是久留之地。"他心里这样想。

有一个学生却悄悄地说话了。

"像你这种人不应该在这所学校里，应该到更自由的地方去。"

"还有更自由的地方？"

"当然有啰！"

"在哪里？"

"巴黎。"

啊，巴黎！凡·高忽然想起来了，当年身为高比尔商会的店员时，也曾两次踏上巴黎这个都市的土地，当时对巴黎的印象虽然不太好，但现在的自己却已是一位登堂入室的画家

从蒙马特看到的巴黎风光(1886 年春)

了，情况应该完全不同。何况，那里还有一位叫他经常想念的弟弟。

凡·高立刻给德奥写信，要求他帮忙，以便成行。

不久，回信来了。

"你与其来巴黎，不如返回诺恩讷，让疲倦的身体获得短暂的休息，不是更好吗？"

凡·高迫不及待地给弟弟回信："还谈什么诺恩讷？简直无聊透顶！我想去的地方是巴黎。德奥弟啊！月底前请你告诉我怎样到巴黎去。"

然而，德奥却一直没有回音。

凡·高闷闷不乐起来，同时也忍无可忍了。

3月初的一天，德奥出乎意料地接到一封笔迹潦草的信，这封信原来是大哥一到达巴黎就寄出的。

德奥弟：

我一有这个念头，就马上采取行动，请你千万别生气。因为这样的做法，可以使我们都不必浪费时间。

我明天早上会在鲁布尔美术馆等你。如果你方便的话，就请早一点来。

你几点能来呢？请你回信。生活费跟以前一样就够了，目前我身上还有一点钱，尚未花完以前，我想跟你谈谈。我一定会努力加油的！

如果时间允许，就请你尽快来。

★★★★★★★★★
✿资料链接✿
★★★★★★★★★

## 浮世绘

浮世绘是日本江户时代（1603～1867年间，也叫德川幕府时代）兴起的一种具有独特民族特色的艺术形式。它在亚洲和世界艺术中，呈现出特异的色调与风姿，历经300余年，影响深及欧亚各地，19世纪欧洲从古典主义到印象主义诸流派大师无不受到此种画风的启发，因此，浮世绘具有很高的艺术价值。

　　浮世绘的艺术，初期原为肉笔浮世绘，即画家们用笔墨色彩所作的绘画，而非木刻印制的绘画。肉笔的浮世绘，盛行于京都和大阪，这个画派的开始，是带有装饰性的。它为华贵的建筑作壁画，装饰室内的屏风。在绘画的内容上，有浓郁的本土气息，有四季风景、各地名胜，尤其善于表现女性美，有很高的写实技巧，为社会所欣赏。这些大和绘师的技术成就，代代相传，遂为其后的浮世绘艺术开拓了先路。

　　江户时代是日本封建社会的晚期，它和我国的清代相吻合。由于经济的增长，城市里首先产生一种"町人文化"（即市民文化）。由于市民文化迅速得到发展，作者云起，需求量扩大。因此，需大量印制肉笔浮世绘，以供需求，从而使肉笔浮世绘进入版画浮世绘阶段。浮世绘版画的印刷技巧，初为单纯的墨摺本，以后发展有丹绘和漆绘，用彩笔添入。真正的套色版画锦绘，在公元1643年至公元1765年前后出现，浮世绘的印刷技术，达到一个高潮，如

开花李树
（1887.9临摹日本浮世绘）

锦绣万花，绚烂多彩，代表了日本民族在艺术上的高度成就。

　　浮世绘的题材极其广泛，有社会时事、民间传说、历史掌故、戏剧场景和古典名著图绘。有些画家还专事描绘妇女生活，记录战争事件或描写山川景物……它几乎是江户时代人民生活的百科全书，而所有这些题材的基调都体现新兴市民的思想感情。一些追求自由恋爱和讽刺封建礼教的作品在民间流传极广。

　　浮世绘木刻归纳起来大致有两种形式："绘本"和"一枚绘"。所谓"绘本"，即是插图画本。它在江户初期是以古典小说的插图为开端，后来陆续出现通俗的插图读物，到万治年间，随着市民小说的产生，这种木刻绘本更加迅速发展。民间画师菱川师宣便是这种"绘本"的创始人。

　　"一枚绘"，即单幅的创作木刻，它给单独欣赏一幅画开创了条

件，画工也更精细一些。尺寸大小不等，均按刻制方法、套色多寡不同而分为"墨绘"、"丹绘"、"漆绘"、"浮绘"、"锦绘"、"蓝绘"等品种。

浮世绘木刻技法不追求木刻的刀味，却注意木质纹理的表现效果，而且把线条的流畅放在极重要的地位，往往需要画、刻、印三者共同合作来使作品达到尽善尽美的境界。他们创造的木纹法、光泽法、云母粉法、无色印刷法等等，都是在力求线条与配色取得高度和谐这一目的上总结出来的作画经验，摆脱了过去向来使用毛笔的束缚。

花魁（1887.9临摹日本浮世绘）

日本浮世绘是顺应市民经济文化高涨的要求而产生的，对社会生活有着深刻的影响，因此，它具有很强的生命力。浮世绘的作者都出身民间，没有一个御用画家，但到了19世纪20年代，由于资本主义的经营方式盛行，致使这种艺术失去了健康的内容，追求色情和低级趣味，终于走向衰亡。浮世绘今虽已被现代印刷术所代替，但它那丰富的艺术成果依然为各国人民所珍视。

## 这种光和颜色

兄弟两个人果然在鲁布尔美术馆碰面了。

"大哥。"

"德奥弟弟。"

当初德奥要大哥在6月底前暂时留在原处，但凡·高不听劝告，匆匆赶来巴黎，所以，他担心德奥也许会不高兴。

然而，德奥始终没有一句怨言，态度一直很温和，对大哥仍是那么友善。

德奥立刻带着大哥穿过比卡鲁广场，到达自己在拉帕街的小房间。 两人一进去，德奥就用爽快的语气说：

"大哥，你现在最想做什么？"

"我想做的是……"

凡·高的内心里隐藏了无数的话题，但不知从何说起，沉思了一会儿，才开始一件一件地说出来。

"我想把在安特卫普学校所学过的在此重新复习一遍。 我离开荷兰以后，就发觉自己有一股干劲，想要开创一个崭新的世界，至于这个世界是什么样子，我也不清楚……而且，这里是巴黎，我想尽快向此地的画家们学点儿东西。"

"大哥的计划，我也很赞成。 附近有一间画室，是菲利克斯·柯尔曼开办的，你可以到那里画画……"

"德奥，谢谢你，请你赶快带我去。"

柯尔曼是一位历史画家，时年46岁，据说是当时巴黎画坛的名家。

不料，这间画室也跟安特卫普的美术学校一样。

柯尔曼以厌恶的眼神望着这位33岁、全班年纪最大的学员。

这个学员老是以极大的手笔和很快的速度画着眼前的石膏像或裸体模特儿等，而且形式古怪。

女性躯体石膏雕像（1886年春）

"简直是疯子，不然就是野蛮人。"柯尔曼暗想。

起先，柯尔曼警告他："你什么也不看就埋头作画，在这间画室里，可不能这样随便……"

他没想到，凡·高不是轻易听话的人。 柯尔曼终于板起脸孔了。

"别理他，还是照自己喜欢的方式画下去。"不管柯尔曼怎么警告他，凡·高依然不声不响，按照自己的方式继续画下去。就这样，他又不能在这间画室里立足了。 他想："德奥弟弟错了，我到这里来是不对的，这里没有什么希望。"

凡·高能承受再次失败的打击吗？

有一天，一个年轻的男子慢吞吞地走进画室里。 以前，他也曾到柯尔曼的画室里学过一段时间的画，但后来不知怎么搞的，好久不见他来了。

这个男子一走进来就站到画室的一边，东张西望，手上的笔不停地挥动，而且也注意到那个外貌特殊的荷兰人。 凡·高不自觉地转过头来，注视着那个人手上的那张画，不禁吓了一跳。心想，这个家伙的画，好像有点古怪，颜色强烈得很。

百日菊（1886 年夏）

这个男子自我介绍说："我叫做艾米尔·贝尔那尔，你呢？"

"我是文森特·凡·高。"

"你能在这间画室里大干一番吗？ 街上到处充满新印象派画家们的色彩。 生机蓬勃的巴黎，到处呈现着绘画革命的巴黎，你却闭眼不看，那你到底来巴黎干什么？"

贝尔那尔说到这里，拉开模特儿后面的窗帘，画室立刻变成了客厅。 他叫嚷着："好啦，大家尽量叫吧！"

这时候，凡·高反而吃了一惊，他想，这个男子年纪轻轻的居然这么大胆。

凡·高听到大家兴高采烈的歌唱和笑闹声，沉思起来："不错，我到底来巴黎干什么？难道我还要重蹈安特卫普学校失败的覆辙吗？不，绝对不能，我的想法错了。我辛辛苦苦跑到巴黎来，不就是要来观赏色彩世界吗？"

一想到这里，凡·高就一刻也忍耐不住了。

学校教育算什么？已经落伍啦！我以后再也不想走进这种画室的大门了。

他跑出画室低着头走回去。打开房门，看见弟弟坐在房间里。

磨坊（1886年秋）

"德奥，请你告诉我，到底在哪里能够看到印象派的作品？请你立刻带我去看。"

身为画商的德奥，当然知道这种新绘画团体，于是就逐一道出这些画家的名字。

凡·高都去看过了，例如莫奈、西斯雷、比莎洛等人的画面，颜色都非常轻松，好像大地在传达春天的喜悦一样。

凡·高全神贯注地凝望着这些画，似乎感到一阵晕眩，激动之余，他不禁在画前高声叫嚷起来："就是这个，我到处寻找的，就是这种色调。"

话虽如此，现在跟德奥弟一起住的房间非常狭窄，哪有施展的空间？凡·高坐立不安，每天催促德奥搬到一个大房间去住。

1886年6月间，他们果然在蒙马特尔的山丘上找到了一栋四层楼公寓，两个人看中后就搬进去住了。除了厨房以外，还有三间宽敞的大房间和一个小房间。

凡·高大喜过望，远眺窗外，只见蒙马特尔丘陵上到处是房

屋，风景绝佳，他立刻开始作画。

他画了许多风车以及大众演艺馆的景象。

这时候，凡·高的画具比较齐全，品质也较好，颜色的表达自然而生动，他的健康状况也日见好转。

当时的蒙马特尔一带非常热闹，咖啡室、餐厅、舞厅等鳞次栉比，直到深夜，广场地区也依然人潮涌动。

有一间餐厅叫做"巴达犹夫人商店"。由于这里食物烹调极佳、价廉物美、气氛高雅，任何时间都有画家、文学家和新闻记者们在这里群集交谈，而且经常客满。

凡·高兄弟经常到这里来吃饭。

"啊，原来你在这里，总算找到理想的场所了。"

有一天，突然有一个人拍拍凡·高的肩膀说道，他回头一看，原来是艾米尔·贝尔那尔。他抓着凡·高的手腕说道："这里也有人开画室呢，我给你介绍介绍。"

说完后，就带他走到角落另一张餐桌边，只见一个短小精悍的人，独自坐在那里速写外面的店铺。

"你看，那个人出身贵族，只有 22 岁，将来一定会创造出自己的世界。"

经过介绍之后，对方不知有没有听见文森特·凡·高的名字，他头也不回地挥动画笔，但嘴里仍然打招呼说："请多指教，我是盎利·特儿斯·洛多雷克。"

从此以后，凡·高总算在巴黎找到门路了。

他的作品风格突然有了变化。

这时候，他的画色彩明朗艳丽，很明显是印象派的作品。

不久，春去夏来，对于凡·高来说，这倒不失为愉快的季节。他离开画室，到巴黎的街上看了一番。此外他也经常在塞纳河畔以及普洛纽森林里搭起画

一双鞋子(1886 年下半年)

凡·高
Fangao

架，专心作画。

"这种光、这种颜色……正是我朝思暮想的。"他心里呐喊着。

# 蒙马特尔的画家们

凡·高急于开辟自己的路子，他每周固定去参加一次洛多雷克家里举行的研讨会。 这一天是巴黎的年轻画家们聚集一堂热烈讨论艺术问题的日子。

凡·高抵达现场时，房间里早就挤满了人，烟雾弥漫，每张桌子前的人们都已展开讨论。

凡·高站在门口，环顾一下房间，因为光线充足，房间里的亮度还不错，他就把随身带来的画挂到墙壁上。

"诸位不妨看一看，我的画不是稍微进步了吗?"凡·高自言自语起来。

然而谁也没有注意到他，有几个人偶尔瞄了一眼，但又立刻加入到热烈的讨论中。 他们根本没有注意到这位狼狈落魄的荷兰画家。

凡·高只好把自己的作品挂在墙壁上，越过几张桌子，仔细倾听大家讨论的内容。 有人说:"印象派已经完了，创立印象派的人和从旁呐喊的人们，现在都应各自迈向自己的路途，今后显然是新印象派的时代了。"

远处有一道目光似乎正在打量凡·高，他就是艾米尔·贝尔那尔。

这位热情的年轻画家打从初次见面开始，就深深地被凡·高那种独特的气质和作风吸引，逐渐对他产生了好感。 贝尔那尔看过凡·高的几幅作品以后，一直有一种感觉:"这个红发男子的画里总好像含有某种东西。 到现在为止，我还不能明确地说出那是什么东西。"

光阴似箭，秋天来了，在蒙马特尔大街上的一家画廊里，德奥给大哥介绍了一位身材高大的男子。

"这位是波尔·高更。"

高 更

他头上戴一顶阿斯特兰加的帽子静静地在作画，身体还算结实，他也跟凡·高一样，穷困不堪，甚至有过之而无不及。

35 岁以前，高更还是一名银行职员，生活上颇受拘束。 因此，4 年前的一天，他忽然宣布："从今天起，我要过画家的生活，为绘画贡献我的身心。"

结果他离开了银行，而后被妻子抛弃，过着饥寒交迫的生活，但却始终为艺术而奋战。

他生活上虽然穷困，但站在凡·高面前，丝毫没有卑屈之感，显出一副昂然的姿态，很令凡·高欣赏。 从此他俩便常坐在咖啡馆里讨论绘画问题。

其间，他们亦曾几次到洛塞尔街但琪叔叔的店里去。

但琪叔叔本是石膏修理师，又曾在铁路局服务，接着在画具商会做职工，最后才有了自己的店铺。

他时常向画家们推销画具，因此认识了毕沙罗、塞尚、莫奈等著名的画家。

但琪叔叔不失为穷画家们的好伙伴，如果碰到哪些画家没钱买画具或颜料时，只要对方能带两三幅作品来，他照样会很亲切地借钱给对方。

那些穷画家们把画放在这儿，也决不再来拿回去。 所以，店里堆满了各种作品。

此外，他店里经常备有食物，那些饥饿的画家们谁都能拿来充饥，大家都很喜欢但琪叔叔。

他年纪60左右，工作照样勤劳，而且能言善道，平易近人。也唯有在这里才能看到塞尚的作品，难怪凡·高经常来玩。

只见过两三次面，凡·高就跟但琪叔叔处得很融洽。他可以用赊账的方式从这家店里拿到各种画具。

有一天，但琪叔叔给凡·高介绍一位年轻画家，其实，无须经人介绍，他们早已认识了。

对方就是艾米尔·贝尔那尔。

坐在铃鼓咖啡店中的
女人（1887.3）

"哎哟，我们又见面了！我们以后就常到这里来聊天，怎么样？"

"是呀，我也这么想。"

从此两人便亲热起来，而且结成了真正的朋友。

"太好了，我不再是形单影只了！"想到这一点，凡·高就觉得生活在巴黎的日子倒还挺惬意！

有一天，凡·高跟往常一样到但琪叔叔店里，抬头一看，自己的画居然被挂了起来，他不禁吃了一惊。

"怎么回事呀？"

"我忽然想到也许会有人欣赏你的作品。"但琪叔叔笑嘻嘻地说。

凡·高十分感激。他暗想："倘若自己的画卖得出去，那该多好！这样不但能偿付积欠已久的画具费，而且也能使德奥弟弟高兴。"

凡·高
Fangao

一周、两周、三周……那幅画仍旧挂在原处，但琪叔叔只有摇头叹息，爱莫能助。

有一天，凡·高发现自己的画居然不见了，忍不住问但琪叔叔说："卖掉了吗？"

但琪叔叔一声不响，指着店铺的一个角落，只见凡·高的画丢在那儿，跟塞尚、高更等人的作品摆在一起，积满了灰尘。

凡·高失望极了。

文森特·凡·高啊！你何必失望呢，在此以前你的画不也是没卖掉一张吗？

在巴黎，到底有几个人知道你的名字？德奥、贝尔那尔、高更、但琪叔叔……此外，大家都把你视同不修边幅的疯子。

幸好凡·高并不死心，他想把自己的画摆到另一个地方去。

他向两个画廊请求，要他们把自己的作品挂上几幅，结果依然是无人问津。

他对自己说："我的画不适合这些摆臭架子的客人，只对那些具有赤子之心的民众才有吸引力，他们才懂得真正的艺术。但是，民众却

餐厅内部(1887.7)

只能看到石版框的粗糙作品。印象派作品可以用明朗的颜色医治他们的疲劳，让他们忘却自己的悲惨境遇。"

凡·高又埋头苦干起来。

他跟一家大众餐厅的老板谈妥条件，对方答应为他举行展览会，他终于如愿以偿地举办画展了。

在印象派画家中，尚未获得世人赏识的画家有毕沙罗、高更、贝尔那尔、斯拉、夏尼克等人，凡·高跟他们商量了一下，就把他们的作品搜集起来，用手推车送到餐厅去高挂起来。

然而那几位提供作品的画家们倒是经常来看，可是前来吃饭的客人却无动于衷。甚至有人极尽挖苦之能事，以嘲笑的口吻说："什么？这种画哪里值得欣赏？连厨房里我也不摆这种画！"

餐厅老板也有了怨言："凡·高先生，承蒙你看得起，把许多画挂在我的餐厅里，可惜客人们都在埋怨，所以还是请你自己收起来吧。"

他言下之意是对凡·高的画作不胜厌恶。凡·高吃了一惊，只好自己收拾起那些画，匆匆带回家去。

不用说，高更、毕沙罗等人的作品也没有卖掉一张。

凡·高又开始过起愁苦的日子。

严寒的冬天又来了，为什么巴黎这样恼人心怀呢？

★☆★☆★☆★☆★
✿资料链接★
★☆★☆★☆★☆★

## 印象主义画家

印象主义画家在描绘大自然转瞬即逝的光色变幻效果时，采取过于客观的科学态度。他们主张艺术形象要有别于客观物象，同时饱含着艺术家的主观感受，所以被称作是"印象主义"。

"后印象主义"一词，是由英国美术批评家罗杰·弗莱发明的。据说，1910年在伦敦准备举办一个"现代"法国画展，但是临近开幕，画展的名称还没有确定下来。作为展览组织者的罗杰·弗莱迫于无奈，便不耐烦地说："权且把它称作后印象主义吧。"这一偶然而得的名称，却还切合实际，因为参展者都是印象派之后的画家。自此以后，"后印象主义"便被用来泛指那些曾经追随印象主义，后来又极力挣脱印象主义的束缚，从而形成独特艺术风格的画家，其中杰出者有塞尚、凡·高、高更和劳特莱克等。实际上，后印象主义并不是一个社团或派别，也没有共同的美学纲领和宣言，而且画家们的艺术风格也是千差万别。之所以称之为"后印象主义"，主要是美术史论家为了从风格上将其与印象主义明确区别开来。

后印象主义者塞尚认为："绘画——并不意味着盲目地去复制现实；它意味着寻求诸种关系的和谐。"他所关注的，是在画中通过明晰的形象，来组建严整有序的结构。凡·高和高更则专注于精神性与情感的表现，其作品渗透着某种内在的表现力和引人深思的象征内涵。

后印象主义绘画偏离了西方客观再现的艺术传统，启迪了两大现代主义艺术潮流，即强调结构秩序的抽象艺术（如立体主义、风格主义等）与强调主观情感的表现主义（如野兽主义、德国表现主义等）。所以，在艺术史上，后印象主义被称为西方现代艺术的起源。

# 苦恼的德奥

**凡**·高之所以变成但琪叔叔店里的常客，还有一个理由。原来，但琪叔叔保存了不少浮世绘，在安特卫普市，凡·高初次发现了浮世绘的美妙。他向但琪叔叔要了几幅浮世绘作品。

他模仿芙众的《欧朗》、广重的《桥》、龟户的《梅》等，并苦心研究这些手法。

春天姗姗来迟，他内心里的怒气、埋怨和不平的情绪，好不容易才被春色一扫而光。他画了一幅但琪叔叔的肖像画，背景就是自己心爱的浮世绘。

他经常到巴黎郊外或塞纳河畔去写生。这时候，凡是看到凡·高作画的路人，全都吓了一

临摹日本浮世绘——桥
（1887.10月）

跳。 只见他嘴里喃喃自语，大摇大摆地挥动着画笔，路人目睹这种情景，无不咋舌称怪。

有一天，凡·高携带着但琪叔叔的肖像去访问艾米尔·贝尔那尔。 自从在但琪叔叔的店里重逢以后，他与贝尔那尔的友情就愈来愈深了。 "什么风把你吹来的？ 哦，原来是但琪叔叔的肖像。 如果你愿意，不妨就在这里完成算啦！"

贝尔那尔每一次都很欢迎他。

凡·高定了定神，又开始继续作画。

"贝尔那尔，怎么样，为了纪念我们的友情，我们互相画画对方的肖像，然后交换回来好吗？"

"好啊！ 但你还是赶快完成但琪叔叔的肖像吧。"

后来，凡·高曾经着手画艾米尔·贝尔那尔的肖像，可惜没有完成。

次日，贝尔那尔的父亲为了儿子的前途来询问凡·高的意见。 "那个孩子真令人伤脑筋。 总喜欢画那些卖不出去的画，这样下去怎么办呢？ 真令人担心！"

"何必担心？ 贝尔那尔很有才华，前途无量。"

"前途无量？ 简直是做梦！ 你们这一伙人总是这么胡说八道，可真把他害惨了！"

"你说什么？ 我几时胡说八道？ 我……我……"

一气之下，凡·高拿起画具和那幅尚未完成的肖像飞奔出去，从此再也没踏进这一家的大门。

难道凡·高又失去这位知心好友了吗？

其实，他们并没有断绝来往。 此次的争执对他与贝尔那尔的友情一点影响也没有，反而使

戴草帽的自画像（1887 年夏）

凡·高
Fangao

他们更加亲密起来。

凡·高回到家，爬上四楼，坐在自己画室的椅子上，摇头叹息。 他自怨自艾地说："我为什么这样倒霉！极力想做好人，结果却总是失败。"

他跟德奥的共同生活也并不平静。

兄弟相距遥远时，倒能彼此敬爱、相互了解，一旦生活在一起，却又不见得处得融洽。

兄弟两人的性格完全相反，一个是倔强、易怒；另一个则很随和、温顺，忍耐力强，颇善应酬。

德奥对大哥的作风一直很不满。

德奥整天在店里应付唠叨不休的客人，回到家里早已筋疲力尽，但凡·高却完全不能体谅，喋喋不休地发表自己对绘画的意见，硬要弟弟评价他的作品。

"大哥，对不起，我很疲倦，有话等待明天再谈吧。"

"是吗？那我不讲算啦！"

凡·高好像赌气似的闭口不说话，德奥也很同情大哥，就这样沉默了几分钟，但又忍不住，只好扯出话题，打开僵局。

凡·高也就脸色温和，兴致勃勃地说："德奥，高更的作品朝着更明确的新方向发展了，我……"接着又滔滔不绝地谈个没完。

凡·高到处向餐厅和画具店借钱，这些债务令德奥颇为头疼。 不论给他多少，顷刻就花完，结果债台高筑，愈欠愈多。

"大哥，如果再不节省些，我们的日子可就过不下去啦！因为我的收入毕竟有限。"

瓶中的雏菊和银莲花（1887 年夏）

听到德奥的牢骚，凡·高马上顶嘴说："难道你不让我画画吗？"

尽管他们争吵不休，兄弟俩却也没有分居，这完全是因为德奥的耐性好，如果换成别人，马上会吵得不可开交或不欢而散。

德奥写了一封信给妹妹：

> 我的日子简直苦得难以忍受，经常吵架，走进大哥房间一看，简直像垃圾堆似的，既脏又乱，难怪我的朋友都不愿意来了。
>
> 我打算让大哥离开这里，干脆一个人生活！但如果我先开口，又怕会落得赶他走的口实。
>
> 我对大哥的事似乎已经无能为力了，只希望他不要再麻烦我。大哥住在我这里，真让我吃了不少苦头。
>
> 大哥好像是两面人，一面是满怀才气而性情温顺；另一面只知有己而不知有他人。
>
> 这两种性格经常轮流出现，两者的共同特征是：一切以自己的方便为主。

不过，德奥也反省过自己：

> 我想来想去，觉得必须要继续帮助他。大哥的确是艺术家，他现在的作品，纵使不是永恒之作，至少也可以成为杰作。
>
> 如果迫使他半途而废，实在可惜！不论他如何的疯疯癫癫，只要他的事业成功，他的作品总有一天会卖得出去的。
>
> 我虽然下决心要继续帮助他，但在心底仍然希望他搬到别处去住。

夏天，家里通知德奥回荷兰老家去订婚，凡·高曾写信给他：

谢谢你的信和信封里的钱，纵使我将来能够成功，却也无法偿还你为我所付出的一切。

　　你告诉我家里的情况，我听了很难过。

　　你的婚事安排妥当，妈妈想必很高兴吧。不论从健康还是工作的角度说，独身生活总不是办法。

　　我忽然渴望结婚，需要孩子，我已经35岁了。这种欲望愈来愈迫切，有时候，寂寞简直无法排遣。

　　在某种情况下，我对于绘画方面的坏朋友懒得理睬。

　　李舒帕曾经说过："对艺术过于狂爱，反会使真正的爱丧失。"这果然很有道理，也许，爱是厌憎艺术的。

　　我有时会以为是自己上了年纪，较易伤感，但有时又以为放弃绘画的热情亦无不可，因为我实在热爱生活。

　　如果想要成功，野心是必要的；但野心有时也很要不得。

　　今后的变化如何无法预测，但对于钱的问题可不必担心。我想，我的作品，终有一天会被人欣赏的，这也不是绝不可能的事。

　　德奥离开以后，凡·高的周围连续发生了许多事情。

　　首先是但琪叔叔的问题。

　　但琪叔叔对于画家们始终怀着一种信念，不论什么样的画家，都可以用信用销售的方式支付画具的欠款。

　　时日一久，但琪叔叔对凡·

但琪画像（1887 年秋）

高的态度有了改变，凡·高的画具欠款愈积愈多，他的脸色也就逐渐难看起来，最后干脆表示："对你不再以信用买卖啦。"

起初，凡·高苦苦哀求，但没有效果，愤怒之余，就和但琪叔叔大吵了一顿。

刚好贝尔那尔也在场，他也忍不住怒火中烧，破口大骂凡·高："你简直是混蛋，比疯狗还可恶！"

到了这种地步，一切都完了。凡·高的调色板越来越破旧，快要不能使用了。

其次是唐普朗事件。

唐普朗是一家餐厅，老板是一个名叫赛加托莉的意大利籍女人。

这家餐厅的墙壁上，挂满诗人与画家的作品，颇受客人的欢迎。

至于盘碗、桌椅、碟子等全都有一套特殊风格，不妨称之为"唐普朗型"。

以前，凡·高曾以赛加托莉做模特儿，画过一幅《唐普朗的女人》，有时为了交换伙食费，他每周给店里画上四五幅作品。因此该餐馆的墙壁上也挂了不少凡·高的画。

戴灰色毛毡帽的自画像
（1887—1888 年冬）

不料，到了初夏，这家餐馆倒闭了。凡·高前去取画时，跟餐厅的跑堂发生争执。结果所有的画都跟餐厅一齐被卖掉了。

经过几次重大的打击，凡·高已经身心俱疲，狼狈不堪。

大家对他的作风非常不满，冷言冷语。他只好抽烟喝酒以排愁解闷，结果健康状况愈来愈糟。

巴黎的纷纷扰扰真令人头痛。以前那种兴奋的日子，醉心

的印象派、闪闪的光和色彩等等，都被凡·高置之脑后了。

他心里觉得蒙马特尔的画家们全都不是人。 这里只有鬼影子，可能在别处才有人类。

凡·高把剩余的画具集中起来，开始画公共坟场和积水的泥沼。 不管是巴黎还是宋德尔特，到处都一样，全是一块墓地。

留在巴黎没有意义，所有的作品在这里都派不上用场。

走吧，越过印象派，到更遥远的南国去吧！

文森特·凡·高啊，你要到哪里去呢？

有个好去处，就是日本。 那里有动人的浮世绘。 可惜，那里是遥不可及啊！

那么，世界上还有没有类似日本的地方呢？ 德奥已经从荷兰回到巴黎，第二个寒冬又来临了。

凡·高足不出户，整天把自己关在房间里画画。

他再次在一张大型画布上画但琪叔叔的肖像。

此外，他也画自己的肖像。 他在安特卫普时，就对画肖像怀有浓厚的兴趣，到了巴黎以后，他更是埋首于油画里。

在他 37 年的生命，留下 43 幅自画像，其中 25 幅是在巴黎完成的。 而且每幅自画像都不相同，为何会如此呢？

凡·高时常忧虑，每次碰到痛苦与烦恼，都会使自己发生变化。 他怀疑自己是否消失了！

所以凡·高常对镜自怜，仔细观察自己的面孔，果然发现各种不同的自我。

天气愈来愈冷，凡·高的癫痫症又发作了，害得德奥慌乱起来。

"如果再这样下去，我非完蛋不可。 除了离开巴黎，别无他法可想了。"凡·高的心里忐忑不安。

但是，离开巴黎后去哪里呢？

他独自在画室里，张开双手，用画笔一面画着圆，一面叫嚷起来："我要太阳，我一定要太阳！"

有一天，洛德雷克来访，谈到法国南部的古都阿鲁鲁以及那

凡·高
Fangao

里古色古香的街道。

"太阳、南国、古都。"凡·高心里做了一个决定。

"德奥，我要到阿鲁鲁去作画，最主要的是，那里的生活费便宜。"

听到大哥这么说，德奥也点头称是。

"为了大哥的画和健康，只要对你有益处，我都很赞成。我会尽力协助你的。你打算几时出发？"

石膏雕像、玫瑰和两本小说
(1887.12)

"还不一定，反正就在最近几天。你尽管放心好啦。"

凡·高又整天关在画室里，到底在画什么呢？连德奥也莫名其妙。

1888 年 2 月的一天夜晚，凡·高在街上碰见贝尔那尔。他对贝尔那尔说："我想明天出发，弟弟还以为我仍然在这里呢。我打算把画室收拾一下，你能不能陪我一道儿去？"

于是，两人就一起回到凡·高的公寓。

这是凡·高来到巴黎后，第一次仔细整理自己的画室。两三天前，凡·高在巴黎画的最后一幅画仍然挂在架子上。他收拾起墙壁上的日本版画，忙着将它递给眼前这位年轻的朋友：

"贝尔那尔，请你把这个收下。因为没有什么好东西送你，就用这个表示一点心意吧。"

"谢谢你，真是太好了！"

"你将来要不要来阿鲁鲁？希望我们在那属于太阳的土地上建立未来的画室。"

"我一定去！"

"应该来的，巴黎的生活不可能带来新的绘画了。唯有在

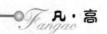

阿鲁鲁建立的画室，才是未来的艺术之光。"凡·高很热心地反复叙述。

几个小时后，凡·高在乌云密布的天空下孤独地走向车站。玻里那玖、诺恩讷、伦敦、哈谷以及眼前的巴黎，全都愈离愈远，这些影子只存在记忆中了。

凡·高独自前往的地方，是他从未踏足的土地。

那里真是阳光普照的大地吗？

凡·高正向无法预见的命运挑战，他抬头挺胸向前走去。

当晚，德奥拖着疲乏的身子很晚才回到家里。 他敲敲大哥的房门，没有反应。 他以为大哥已经熟睡，便返回自己的房间，心想，明早上班前再跟大哥打个招呼好了。

早晨，他打开房门，只见画室已收拾干净，画架上放着一幅未完成的作品。 大哥早已消失，德奥吓了一跳。

大哥起程了。

虽然德奥早就预料到这一天会来临，但心底总不免有些依依不舍。

德奥站在画架前犹豫了一会儿，这是凡·高在巴黎的最后一幅作品：《黄色静物》。

"真美啊！画面上充分呈现了大哥心底燃烧的灵感——可是，到底画的是什么呢？"

德奥注视着画面下端的红字——给德奥弟。

看着看着，德奥的泪水不禁夺眶而出。

## 法国南方的城镇

**在**1888 年 2 月 21 日，凡·高终于抵达了他憧憬的法国南方的阿鲁鲁镇。 可惜，适逢严冬，平原上的积雪厚达 60

公分。

　2月的阿鲁鲁镇还是冰天雪地。 但是，厚厚的积雪丝毫没有打扰凡·高的兴致。 一下火车，他把行李扔在了旅馆里，就出去画了两张雪中的风景寄给了德奥。 离开巴黎的时候，他没来得及和德奥道别，只给德奥留了一张小纸条。 现在，他最希望的是，让德奥能和他一起感受阿鲁鲁镇。 他已经喜欢上这个小城了。

　抵达阿鲁鲁镇的当天，他就立刻写信给弟弟。


德奥弟：

　　旅行途中我一直思念着你。 我想，你将来也许会到这里来。 在巴黎经常有朋友来打扰，使我没有地方安静地作画，真令人头痛！ 如果不早些离开，恐怕会弄得一团糟。

　　阿鲁鲁的城镇并不太大，这儿附近的积雪有60厘米厚，而且小雪仍在飘舞。

　　在抵达塔拉斯康之前，举目所见的全是奇形怪状的黄色岩石，在这些岩石的峡谷里有些小村落，峡谷里长满了橄榄树，还有枝叶茂密的大树林。

　　种植葡萄的赤色土地实在很迷人，山顶上覆盖着皑皑白雪，好像日本人画的冬景一样。

凡·高画架前的自画像（1888年初）

　凡·高一走出车站，就找到一家兼营餐厅的旅社。从那天起，他就开始挥动画笔，不久就完成了两三件作品，包括《阿鲁鲁的老妇人》、《肉店》、以市街为背景的《雪地平原》等。

这里的气氛寂静，比起喧嚣的巴黎生活，简直令人昏昏欲睡，但这也让凡·高欣喜万分。

唯一令人遗憾的是，在这里比想象中更需要花钱。

德奥弟：

来信及50法郎都已收到，谢谢你。据我所知，这里的生活费并不便宜，但我已完成了3件作品，这却是在巴黎无法做到的。

我发觉自己的健康状况逐渐有所改善，在巴黎的最后一段时间，真是苦不堪言，几乎忍耐不下去了。

在这里凡是绘画所需要的东西都不齐备，在书店里买不到画具和画布，必须到马赛才能买到。不过，我并没有失望，请你不必担心。

阿鲁鲁的少女美如天仙。但美术馆却不能令人满意，作品不佳。这里也有保存古物的博物馆，倒还差强人意。

吊桥(1888.3)

凡·高偶尔也给好友贝尔那尔写信：

首先要告诉你的是这里的空气新鲜、色彩明朗，这些都令人想起日本的风景。

水面呈现出碧绿的波纹，就像我们所看见的日本版画一样，青绿色的风景使人着迷，橘色的黄昏把土地也染成了橘色。 在这里，每天都可见到金黄色的阳光，女性的服装也都很鲜艳，尤其是星期天漫步在街树下的情景更是令人陶醉。 如果是在夏天，这景象会更为迷人！

这里的物价比想象中高，起初，我每天花5个法郎，现在，准备缩减到4个法郎。

将来，我想找一处较为便宜的房子。 如果有几个人合住的话，可以更节省。 重视太阳与色彩的艺术家，如果搬到法国南部来，一定会很适宜。

倘若日本人在这段期间没有进步，那么他们的艺术大概可以在法国被翻版。

在信笺上端的，就是我现在的速写练习。 又大又圆的黄色的太阳，照射在样式古怪的吊桥上，水手们偕同情侣走向桥的另一端。 另一幅也是以吊桥为背景，桥下的妇女们在洗衣服。

你现在在做什么？ 今后打算何去何从？ 请你务必详细告诉我。

阿鲁鲁果然是南方乐土，在大雪纷飞的季节里，树枝上依然开着花朵。

凡·高连画两次树枝，他专心期待着一种状态：那就是明朗的春天和明亮的阳光。

太阳射出万道光芒，冰雪开始融化了，接着是季风来袭，发出冰块碰撞般的瑟瑟响声。

凡·高在凛冽的寒风中散步，因为在季风吹袭期间，根本

玻璃杯中的杏树枝(1888.2)

不能作画，只有等风势过去，才能到各处去写生。

德奥弟：

今天好不容易天晴了，气候温暖，季风的威势我已经领教过了。在这种风势之下，什么也不能做。

碧蓝的天空，太阳闪闪地照耀着，积雪几乎都已融化，冷风依然吹袭，空气很干燥。

总之，这里的景色确实秀丽。山丘上有一个修道院，周围是松树和灰色的橄榄树园。

最近，我打算画这些景色。

自从来到阿鲁鲁以后，我已完成了8幅画。可惜都不是大手笔，因为在风和日丽的地方，我也不见得能随心所欲地画周围的风光。

为了完成几幅大的作品，我买了几张大型画布，价格跟巴黎不相上下。


德奥弟：

我收到高更的来信，他病了半个月，躺在病床上。因为负债的关系，他已身无分文了。

他想知道你的店里是否已经把他的画卖出去了，钱少一点也无所谓。他目前很需要钱，他甚至表示自己的作品打折出售亦不要紧。

高更真是命运多舛，令人同情。他是不是病了很久了呢？我非常担心，也很怜悯他。

他说，在人生各种苦痛里，没有比缺钱更为可恶的了。

在目前的情况下，只有一个办法可解决他的困境，你们店里可否先把他那幅《海景》承购下来？如果你们能够答应的话，他就能暂时安定下来了。

在我们这群朋友中，大部分都尝尽苦头，当然也包括我和高更两人在内。未来还会困难重重吧！我坚决相信自己终能获得最后的胜利。对于艺术家来说，能不能享受这份恩泽呢？会有更舒服的日子来临吗？

德奥弟：

来信收到，我没有想到你这么快就寄来50法郎。今天，我在外边完成一幅15号的画：一辆小型马车通过吊桥，碧蓝的天空照耀着桥面，绿色的河川和土色的草原堤岸，一群戴着不同色彩帽子的少女们在河边洗衣服。

车站附近有一条大路，街树整齐。此地天气易变，天空经常阴沉沉的，风也吹个不停。

亲爱的弟弟呀！我觉得自己似乎站在日本的国土上。虽然我常常跟你说这些话，然而，这些举目可见的美好事物，你却都没能见到。

严冬过去，积雪融化了，阿鲁鲁的一切都活跃起来，在凡·高看来，这些全是另一个世界的景象。

有一群身穿红裤子的阿尔及利亚士兵在修道院门口进进出出，他们初次接受洗礼；他还见到一些狂饮苦艾酒的男人和天真无邪的少女们。

脱离了印象派束缚而认识了真正自我的凡·高离开房间、出外写生的日子逐渐多起来了。

积雪消融后的阿鲁鲁镇让凡·高目眩神迷：蓝得耀眼的天空，柠檬色的太阳竭尽全力地燃烧；红色的土地上，散布着玫瑰色的果园和延伸到地平线的绿色田野；闪烁的波光在罗纳河面上尽情地变换色彩……凡·高摆好了画架，深深地吸了一口气，闭上了眼睛，然后，睁开双眼，疾笔如飞。修拉的点彩法、高更的原始装饰画、劳特莱克的充满仇恨的线条，都褪去了，消失了。现在，在这里，只有一个人在作画，那就是凡·高。

每天，清晨的阳光还没来得及亲吻草尖上的露珠，凡·高已经背着他的画具出发了。然后，他就像一架不知疲倦的绘画机器，什么都不能让他停下手中的画笔。每天傍晚，他都会带着一两张油彩未干的画回来，有时候还会是3张！多年的紧张劳动、艺术的积累、技巧的磨炼，突然间就像是被阿鲁鲁镇的阳光给激化了一样，转化成了一种纯熟的不可遏止的激情和力量，随着颜料和画笔，喷薄而出。

凡·高根本无法控制自己的这种创作冲动。对大自然的真情实感在驱使着他，让他一笔接着一笔把颜料挥洒在画布上。尽管他两颊被太阳晒得通红，头顶上的头发被晒得几乎脱光，但他根本不在乎。他的眼睛里燃烧着狂热与兴奋。在短短的3个月的时间里，他画了190幅作品，几乎是他在巴黎两年时间里创作的总和。

现在，大自然成了凡·高最好的老师。阿鲁鲁镇多风，4天里有3天刮大风。在野外画画时，凡·高常常得扶着摇摇欲倒的画架，顶着风创作。风像海浪一样，一阵一阵翻卷而来，阳光只能在狂风的间歇里绽放片刻，把周围树上的白色花朵照得闪闪发光。在这种情形下创作的画，通常不能让凡·高很满意。直至有一天，凡·高忽然发现，自己的画上出现了一样他本来无意画上去的东西——阿鲁鲁镇的风。在阿鲁鲁镇的风和阳光中，凡·高身心之内蛰伏已久的生命力就像果园里的花朵一样盛开。他内在的生命旋律与大自然的节奏混为一体，在阿鲁鲁镇的果园、麦田、草原和海滨展现出蓬勃的生机。

《开花的果园》、《阿鲁鲁镇地方的花园》、《阿鲁鲁镇的吊桥》……凡·高的艺术技法越来越成熟、奔放、恣意和浑然一体，同时，他的心情也越来越放松。他不再考虑和画画无关的事情，也几乎放弃了卖画的念头。他画画，不停地画，因为只有在画画的时候，他才感到自己生活的意义。他可以没有家庭，没有爱情，没有健康，没有可靠舒适的物质生活，他甚至可以没有上帝，但是，他不能没有这种伟大的东西——创造的力量和才能，那是他的生命。

德奥每个月都会按时给凡·高寄钱，但随着凡·高创作激情的高涨，颜料、画框、画布的消耗越来越大。连旅店老板开的房价也越来越高。尽管凡·高把生活费用压减到最低，可他每个月的生活还是过得捉襟见肘。到后来，他不得不自己制作画框，甚至别出心裁地发明了用芦秆作画笔，以此来降低绘画用具的开销。但是生活的艰难没有动摇凡·高，他坚持着，继续保持着高产高速的创作。

# 花朵盛开的果园

**盼**望已久的春天终于来临。

田野里有梨、梅、桃和杏子等果树，各自盛开着红、黄、白等颜色的花朵，五彩缤纷，十分美丽。

凡·高在果园里支起画架，兴致勃勃地开始工作。他陶醉在色彩和芬芳四溢的景色里，反复画了几幅相同的作品。

桃花盛开（1888.3）

德奥弟：

最近，我每天过得很惬意，倒不是因为天气的关系，这些日子以来，只有一天没吹季风，日子过得很安静。

无论如何，也要把鲜花盛开的果树园的景色好好画出来。季风猛吹的日子，实在令人伤脑筋。不过，我仍旧到野外去搭起画架，埋头绘画。

　　淡紫色的田野、芦苇的篱笆、蓝白色的天空、两棵蔷薇色的桃树，这是作品中最令我满意的风景画。

凡·高在果园里被强风吹了一整天，步伐沉重地拖着疲倦的身体回来，神经都麻木了。

他不懂得节省，拼命地买新画具和画布，德奥汇来的钱很快就花光了。

能否使绘画速度减缓，让钱可以用得更久些呢？不，他绝对是不肯的。因为果树园的百花盛开，景色极佳，若不及时完成，实在可惜！

凡·高在信函里一再向弟弟解释绝不是乱用钱，同时还催促弟弟尽可能再多寄些钱来。

有一天，凡·高获悉莫普去世的消息，虽然当年跟他吵过架，弄得不欢而散，但是他到底是第一位指导凡·高学习油画的人，想到这里，凡·高不禁悲从中来。

德奥弟：

　　当我画完两棵桃树，回到家里时，妹妹来信说莫普去世了，这使我感到莫名地哀痛。

　　不知什么东西在敲击我的心，喉头好像被一块硬块堵住似的。我在自己的作品上写了几个字："纪念莫普——文森特和德奥。"

　　如果你不反对的话，就以我们兄弟的名义将这幅画赠送给莫普夫人吧。

　　在我的脑海中，莫普绝不能被画成暗淡的模样，更不能染上任何死气沉沉的感觉。

　　不要把死人想象成死人！

　　只要大家都活着，死人也是活着的。

　　这就是我现在的感触，其实，我心里无比哀痛，对我来说，莫普的死无疑是一个重大的打击。

凡·高继续写信给弟弟。

德奥弟：

早晨的天气极好，我在果园里画了梅树，给茂密的树枝点缀了无数略带紫黄色的白花。

在这时候，忽然刮起了一阵猛烈的季风，我赶快跑进房里，隔了一会儿，又返回原处。太阳不时地发出灿烂的光芒，照耀着满是小瓣的白花，这样的景色实在太美了。

开花的梅树(1888.4)

德奥弟：

我在一个绿油油的小果园里画一丛杏树——淡白色的杏树，效果不亚于桃树。

到目前为止，情况非常好，我想再画10张。因为我的注意力容易转移，而且果树园的景色也是不会长久的。

其次，恐怕要画斗牛场了，同时也想画那繁星闪耀的天空。然后再完成几幅素描以及像日本版画那样的素描。总之，打铁要趁热。

请你想象一年后的日子，那时候，我希望情况会稍微改善。到目前为止，我用去你不少钱，但愿我的作品售出后，能赔偿或弥补你的损失，我一定要好好表现给你看。

凡·高

*Fangao*

不过，如果这种情况继续下去，你恐怕就无能为力了。倘若你有困难，就请来信告诉我。那样的话，我就只画些素描就行了，因为那样比较省钱。

4月底，凡·高完成一系列的果园风景作品，总算松了一口气，把沉重的担子卸了下来。

早就被淡忘的胃病与牙痛又隐隐约约地在发作。以往的凡·高沉迷在绘画里倒还不觉得怎样，现在开始感到很不舒服了。

他在一星期内写了好几封信给弟弟，但居然连对方的地址都搞错了。凡·高又开始陷入沉重的忧郁中。

一双皮鞋（1888.3）

德奥弟：
　　我没有体会过真正的人生。我认为用身体去劳动，远比用画具或石膏的劳作要花更多的时间。
　　我对自己的将来并不悲观，事实上，前面仍有无数的困难横在那里。有时候，我暗想自己是否会被困难征服呢？

这时候，凡·高跟房东闹翻了，房东看到这位来自异国的画家整天不做事，就趁机要求增加房租。

"你拥有许多图画，要比其他房客占用更大空间。"
基于这项理由，房东坚决要提高房租。

"岂有此理！简直是欺人太甚！"凡·高据理力争，仍无结果。最后只好离开这家旅社，搬到车站附近拉马奇诺广场正对面的一个住家去。

凡·高到家具店去，问他们有无床铺出租，对方表示不但不能出租，连分期付款都不行，一定要现金购买。

凡·高无可奈何，只好买些草席和棉被，挨着墙壁，搭了一张临时床铺。他心里暗想："夏季炎热，这样倒也很实用。如果在墙上挂些日本版画，一定可以变成理想的画室。如果高更他们这些人来住，这里也能搭伙，一年可以省下300法郎。"

凡·高准备搬家了，他忙着跟旅社结账。旅社老板说，一共是67法郎40生丁。

"我算来算去只有40法郎，你一定搞错了。"凡·高不高兴地反驳。

"不会，绝不会算错的。凡·高先生，你不是常常说我的葡萄酒不好，后来都换了上等葡萄酒吗？"

"当然，哪有旅社给客人喝这种差劲的葡萄酒呢？"

"不错，这样就多出27法郎40生丁。"

"岂有此理，葡萄酒是跟伙食算在一起的，我不付账！"

"不行，你非付不可。"

凡·高置之不理，提起行李就走。旅社老板赶忙挡住他的去路，大声叫嚷起来："账没结清，行李不能提走。"

"我偏要提走，你能怎么样？"凡·高不甘示弱地回答。

警察匆匆忙忙跑来调解纠纷。

"阻止客人搬动行李是旅社老板的不对；但凡·高先生的酒费也得付清呀。"

警察把账单上的数字，改成50法郎："这样如何？"

旅社老板暗自得意："这样还是有钱可赚。"

凡·高也认为："总算减掉17法郎了。"

就这样，双方都感到满意，一场纠纷就此解决。

凡·高搬到小型的黄色房间去后，又开始埋头作画。如今季节已经变换，因此，工作场所也由果园转到画室了。他买了一些家庭用品：咖啡壶、两个碗和锅等。

他的静物写生是以橘子、橙子与柠檬为主，再放些野花进去，构图细密。

这时，凡·高意外地得知德奥曾经到医院去看过医生。

凡·高也认识这位医生，因为当年自己到巴黎时，就因为精神病去请教过他。

凡·高忧心忡忡地想："难道弟弟也跟我一样得了精神病吗？"

蓝色的搪瓷咖啡壶、瓷器和水果(1888.5)

医生劝告德奥，尽可能到乡间去休养一年，新鲜的空气、温和的气候，也许能使身体很快复原。

德奥弟：

　　因为我花钱没有节制而让你吃尽苦头，实在觉得抱歉。不过，现在的我真是无可奈何。

　　如果我的作品每幅能卖500法郎的话……不，只要能捞回已经用掉的钱就好啦。

　　但在印象派的画尚未能出售以前，我恐怕还得等上几年呢。

这时候，凡·高突然想起跟自己一样落魄的画家朋友们：高更和贝尔那尔。假如大家能把钱凑在一起共同生活，不就可以节省很多生活费吗？

德奥弟：

　　我打算设立一个"艺术家之村"，大家快快乐乐地成为一群好伙伴。几个人共同生活，总比单独生活便宜。法国南部的画室，可由友情建立起来，同时成立一个未来的新画派。

德奥弟啊！请你大力支持这项计划好吗？首先得把潦倒的高更找来。

因为德奥的疾病，凡·高深为忧虑。但他仍念念不忘地追求美妙的色彩世界。

地中海的圣·玛利海岸怎么样，那里有青黄色的波浪。好吧，何不到那里去瞧瞧？

他虽然有这种构想，无奈旅费不够，只好把行期延后。

圣·玛利海景(1888.6)

夏天到了，德奥来信说，身体已经完全复原。

凡·高在法国南部时，经常到各地去写生。

烈日、黄绿色的麦田、农家等景色，都是凡·高绘画的题材，这些美景经常在他的心中反复出现。

6月中旬，时机来了。凡·高启程前往圣·玛利，这是位于地中海沿岸、隆河三角洲的一个小渔村。

德奥弟：

地中海是一片青绿色，但却不断地在变化，到底是绿色、紫色还是青色呢？根本摸不清楚。而且还可能在顷刻之间，变成蔷薇色或灰色。

本来，每天只需4法郎就能解决伙食问题，可是，最初几天却花了6法郎。

夜晚，我跑到无人的海滩上散步。在这里谈不上快乐，也谈不上寂寞，但很美妙。

在湛蓝的苍穹里，闪耀着明亮的繁星，有黄色和蔷

凡·高

薇色的星光。

德奥弟：

在这里眺望海洋，才真正感到法国南部是多么美！至少能满足我追求色彩的狂热愿望。

我把圣·玛利的素描跟此信一同寄去。早晨出发之前，我就完成了小舟的速写，现在正埋首于油画。

这里的物价虽然很高，但我到法国南部来，却是基于以下的理由：我非常喜欢日本的绘画，和其

底海边渔船(1888.6)

他所有印象派画家一样，我既然不能去日本，那就只好前往法国南部，因为两地的气候和风光十分相似。我的结论是，新的艺术前途在法国南部。

倘若你能来玩几天，那是再好不过了。因为你会立刻有所感触而改变观点，同时懂得以日本式的观点察看事物，并有不同的色彩感受。

日本人创作素描的速度很快，那是他们观察敏锐、感觉灵敏所致。

凡·高在圣·玛利停留了一个星期，像日本人的作风一样，一小时便完成了船的速写。

凡·高希望在法国南部扎根继续绘画，可惜一个人有诸多不便，若能跟两三位朋友一块儿，不但生活费便宜，情绪也会更轻松。

凡·高
Fangao

高更会不会来呢？从德奥的来信推测，他似乎不大想来。回到阿鲁鲁以后，凡·高显得很没干劲。

德奥弟：

　　我在烈日照耀的麦田里忙碌了一个星期，完成麦田的画稿、风景与播种者的素描。

　　紫色的土壤、宽阔的麦田、穿着蓝白色衣裳的农夫，我在这里眺望着遥远的地平线，放眼所见，是一片黄橙色的麦穗。上面是黄色的太阳与天空。

《播种者》是凡·高很久以来想完成的作品。何况，这是米勒不曾画过的东西，色彩丰富、画面宽广。

凡·高又回过头来，着手于肖像画了。

德奥弟：

　　好不容易找到一位阿尔及利亚士兵做模特儿，他的面颊瘦削，好像卡着牛的头，老虎的眼睛，真是一个有个性的青年。我先画他的脸，然后再画其他部分。

　　这幅肖像栩栩如生：青年人穿着草绿色的军服，红色的装饰，胸前挂有两颗星，头戴红色的土耳其帽，坐在绿色的大门前，依靠着土色的墙壁，样子倒蛮神气。

　　另一幅是他坐在白色墙壁前面的全身肖像。

　　由于麦田的画稿和阿尔及利亚士

收获景象(1888.6)

兵几幅作品消耗掉不少画具，请你务必补充一些颜料和画具来。

我很想知道高更的意愿如何，如果他真的不想来，那就不要勉强他。

但是，他又担忧起来："弟弟会不会怀疑我心情不好、工作不卖力呢？"

德奥弟：

我作画虽然迅速，但绝非马马虎虎地乱涂。我的态度沉着，经验丰富。

例如年幼的老虎开始扑杀牛马的时候，可得耗尽全身气力，若是成年的老虎，由于它老谋深算，胸有成竹，只需用锐利的牙齿，看准目标，以惊人的速度向前扑去，必然手到擒来。

德奥弟，你一定要注意，别人都说我作画太迅速，但这可不是信手涂鸦。我完全是基于一种微妙的感受以及热爱自然的信念去画的。

事实上，凡·高作画时确实已经达到忘我的境界，他的两眼不停地观察，双手不断地挥动着作画。

天空中高悬着黄色太阳、原野里是阵阵的麦浪以及震动画架的季风。

凡·高常常在工作烦闷之余到车站附近的咖啡馆里跟几位朋友聊天。

其中一位是阿尔及利亚步兵连队的旗手，名叫米利埃；另一位是年届45岁的邮差，名叫鲁朗。

鲁朗满脸胡须，方面大耳，很像以前那位赊画具给凡·高的但琪叔叔。

这两位朋友很热心做他的模特儿，尤其是鲁朗对他更是百般照顾。

8月炎夏，凡·高在烈日下不知疲倦地绘画，几乎忘了三餐，饿极了就以干面包、牛奶和鸡蛋充饥。

猛烈的太阳照在黄色的画布上，只见凡·高挥动画笔，描画阳光和自然景色，还有那热烘烘的大太阳。

此外，他又完成了几幅向日葵的作品。

邮差鲁朗(1888.8)

德奥弟：

有件急事想麻烦你。请你转告高更，他的信我收到了，他说要来阿鲁鲁看我，他极力称赞贝尔那尔，其实，贝尔那尔也很称赞他哩！

现在，我正着手在画大幅的向日葵，你不会吃惊吧？我已经画了3幅，第一幅是绿色花瓶上插着三朵大花朵；第二幅是蓝色背景，有种子与绿叶的三朵花蕾；第三幅是黄色花瓶，11瓣花与蕾。

我期待高更到我的画室来一起绘画，我打算把房间用大幅的向日葵装饰一番。

每天早晨，太阳一出来，我就开始作画。因为花朵很快就会凋谢，非一气呵成不可。

凡·高在巴黎时很落魄，几乎走投无路，当然情绪欠佳。他生活在荷兰乡下，还不懂什么叫印象派之时，心里就曾有过一种憧憬，现在又恢复了他当年的豪情。

德奥弟：

凡·高
Fangao

近来经常是烈日当空，阳光普照。除了太阳和光以外，没有更理想的景象。我只画黄色，青白硫黄的黄色、金色的柠檬黄。黄色，多么美妙啊！

黄色，黄色，一片黄色！

凡·高好像把整个身心都卷入了黄色的向日葵里，连路上所碰到的一切事物、所有人的外貌似乎也都变成了黄色。

庭园里栽植的蔷薇、葡萄与无花果树，一群吉普赛人坐的车厢、铁路上的车辆……

一幅幅美景吸引着他，他感到焦急彷徨：该怎么办呢？画具和画布都没有了，非写信给德奥不可。还是尽力抑制自己呢？不，他无法抑制，他有绘画的权利和自由。

阿鲁鲁的居民对于凡·高的作品总是讥讽地说："简直一塌糊涂，根本是把一堆颜料涂在画布上的东西，那像什么画嘛？"

夜间咖啡座(1888.9)

其实凡·高的画确实有进步，现在，他简直什么都能画，他可以用色彩表现出一切。

在凡·高看来，黄色是最灿烂的颜色。

9月，凡·高画了一幅《夜间咖啡座》，不仅完成了初稿，而且在大幅画布上面涂了颜色。

德奥弟：

　　热忱的信件和300法郎已收到，谢谢你。我担心了好几个星期，现在总算放下心来。

　　最近作品的内容各不相同，但都能与《食薯者》相提并论。

　　我用红、绿两种色彩，把狂热的感情全部表现出来，房间用血红与暗黄色，中央配上绿色圆台，四盏灯发出橘色与绿色的光芒，用水彩调配。

　　我想把咖啡座描画成一个使人堕落、疯狂与犯罪的场所。

　　我明天给你寄去，请你评价一下。


德奥弟：

　　我把新作品《夜间咖啡座》跟以前完成的其他画都给你邮寄去了。将来也许要进行日本版画的创作呢。

　　昨天打扫了房间，忙了一整天。我买了两张床，一张是白木制的，另一张是桦木制的。诚如那位邮差朋友鲁朗夫妇所说，两张新床铺都很坚固，各值100多法郎。

　　此外，又买了两套棉被。如果高更或其他朋友来，床铺就不用担心了。不过，这么一来，却把大部分的伙食费用光了。

　　如果你和高更能来，我就先收拾房间，在白色墙壁上挂上黄色的向日葵的油画。


高更什么时候来呢？

在焦急的期待中，秋高气爽的日子里，绘画的构想层出不穷。凡·高一一地将它们展现在画布上面。

古老的风车、随风摇曳的柳枝、农夫、庭院、寝室、自画像、繁星之夜、公园、葡萄园……


德奥弟：

　　我从今天早晨7点一直工作到黄昏，仅站起来走一两步路，吃了些简单食物，作品很快就完成了。不知道你有何感想。

这些色彩颇能提高我的工作情绪，因此我一点儿也不觉得累。在我的脑海里，全是优美的自然景色。我几乎忘了自己的存在，绘画像梦幻般地令我陶醉。

凡·高在阿鲁鲁的黄房子(1888.9)

德奥弟：

我这几天过得无精打采，星期二就把所有的钱都用光了，在这 4 天里，我仅靠咖啡和面包过日子。

各方面都显得懒洋洋的，经过 4 天的断炊，到今天好不容易才找到剩余的 6 法郎，午餐总算解决，晚上只能吃一片面包了。

常常开口向你要钱，我心里也很难过，因为身无分文，实在没有其他法子可想。

说来说去，都是我太热衷于绘画，不管口袋里有没有钱就一口气买下许多画具和用品。

我完成了两幅公园的作品，其中的《诗人之园》我认为还不错，我给它配上了一棵黄色栗子树。《葡萄园》配上松树，也很理想。

啊，我的葡萄园啊，费了我不少心血，不知你看到这个葡萄园有何感想？

德奥弟：

今天，我画了一幅落日余晖。

画布全用光了，目前需要 200 法郎买画具。你也许会怀疑，要买这么多画具吗？事实确是如此。说来惭愧，我的作品怕是引不起高更的兴趣。在他尚未来的时候，我希望尽量多完成一些作品。

1888 年 10 月 20 日，凡·高企盼中的高更终于抵达阿鲁鲁镇。

夜间咖啡座（1888.9）

★彡★资料链接★彡★

## 邮差鲁朗

在法国阿鲁鲁时期，凡·高认识了邮差鲁朗，成了莫逆之交。鲁朗和妻子都热情地给凡·高做模特，对凡·高的生活和绘画起到了积极的作用。在凡·高割伤自己耳朵后不久的 1889 年，鲁朗接受了在马塞邮局的一个更好的职位并和他的家人搬到那里。直到 1903 年，他才听到凡·高成功的消息。

凡·高
Fangao

# 痛失友情

　　人们不可能准确地预告什么,但是,如果有谁能够进行分析,他就可以发现,本世纪最伟大与最优秀的人,总是顽强地工作,执著地追求,总是以个人主动的创造精神去工作。

——凡·高

# 高更来啦

凡·高焦灼不安地在阿鲁鲁镇等待高更的到来。 他给高更的房间不时添置东西的同时，还继续进行以向日葵为主题的创作。 他打算把它们挂在房间的墙上，装饰画室，以迎接高更的到来。

在凡·高看来，向日葵，这种非比寻常的太阳之花，是光和热的象征，是他内心翻腾的感情烈火的写照，是他苦难生活的缩影。 在巴黎的时候，他已经画了几幅《向日葵》，其中有一幅即将枯萎的向日葵就是他当时苦闷得要窒息的心情的写照。 画面上，向日葵暗红色的花茎被剪断了，花瓣和花盘因为缺水开始收缩，但花瓣上明亮的黄色仍然浓烈，和浅蓝色的阴影形成鲜明的对比。 相呼应的是融会在浅蓝色笔触中跳动的点点红色，就像一片小小的火焰，让人觉得生命还在跳动。

在阿鲁鲁镇的生活，让凡·高看到了与巴黎不一样的向日葵，这里的向日葵没有一丝阴影，它们完全是在跳舞，在向日葵的天堂里恣意地跳着火焰般的生命之舞。 在不同的背景上，凡·高让各种不同的亮度的黄色，在形态各异的向日葵上闪闪发光。 然后，他用橙黄色的画框把这些向日葵镶起来，仔细地挂在墙上。 后来，住进黄房子的高更看到的，就是这样的场景：在刷成黄颜色的房间里，带紫色花盘的向日葵突出在一片黄色的背景之上；花梗浸在一只黄褐相间的壶里，壶放在一张黄褐色的桌上；画面的一角上是凡·高生气勃勃的签名。 早晨，金黄色的阳光透过房间里的黄色窗帘照射进来，所有的一切便生机盎然地沐浴在一片金色之中。

凡·高把黄色称为"爱的最高闪光"。 在高更到达之前，他兴致勃勃地把黄房子的外墙用黄颜色重新漆了一遍。 这使得拉马奇诺广场边上的居民都觉得十分有趣。 凡·高也据此画了《凡·高在阿尔的黄房子》：深蓝色的天幕下，阳光透过巨大的空隙流淌进黑暗的屋子里，让整幢房子都放出光亮；那个在黄房子前面匆匆行走的男子，便是凡·高自己。

那时的高更生活潦倒，又患了赤痢，虽然接到凡·高三番两次的来信邀请，无奈身无分文，寸步难行；幸好有德奥帮他卖画，而且又借了点钱给他，这才好不容易搭车前往普洛班斯。途中换了几次车，火车一路上摇摆颠簸，天亮前才抵达阿鲁鲁镇。

他不好意思去搅扰凡·高的美梦，就在一家全天营业的小咖啡馆里，一直等到天亮。 这时候，老板忽然好奇地走过来打招呼："你是凡·高先生的朋友？"

"你怎么知道的？"

"因为好久以前，凡·高先生就画了你的肖像，到处让街上的人看。 他说，这位朋友快要来啦，我们对这件事印象深刻。 所以就一眼认出来了。"

"是吗？文森特果然期待我来吗！"

在这一刻，高更感到一阵无比的温暖。 啊，可贵的友情！

曙光初露，高更就迫不及待地找到那间黄色的房子。 凡·高

自画像——献给高更（1888.9）

睡眼惺忪地从床上起来，打开大门一瞧，高更已出现在他的眼前了。

"啊，你果然来啦，终于让我盼到了。"

欣喜若狂的凡·高紧握着高更的双手，亲密地与他谈起当年在巴黎握别以来的经历。 高更看到墙壁上有几行字：

> 我的灵魂是圣洁的，
> 我的精神是健全的。

"喂，你先带我去逛街吧。"

于是两人一同去逛阿鲁鲁镇的街道，凡·高又带他去看自己常去写生的地方。

从此以后，两个人就生活在一起了。

凡·高首先提出以下两个问题：

高更说他生病了，病况到底如何？他对自己的作品有什么看法？

然而，眼前的高更完全不像生病的样子，反而像运动员一样健康，身心活泼。

此外，他的生命力很旺盛，每隔两三天就要上街，寻找物美价廉的商店。 进入咖啡厅，好像跟里面的客人是多年好友一样，话匣子一打开就无法收拾。

他还懂得制作画框，烹调方面也有一手，这更令凡·高深感意外。

高更从凡·高的作品里选出《播种者》、《向日葵》和《寝室》等几幅，他对凡·高说道：

川归泰利桥(1888.10)

"这些都很不错，也许你自己不觉得，事实上，你的作品正在改变哩。"

"是吗？自从我来到阿鲁鲁之后，将整个身心都跟自然结合起来，内心产生了一股前所未有的感觉。"

凡·高感动之余，心里也在感叹："还是老朋友说得对，但愿以后的情况会变得更好。贝尔那尔、斯拉、高更的朋友拉帕尔等人最好也一齐来，这样就可以在法国南部开创新画家们的画室了。"

德奥弟：

高更已经来到阿鲁鲁了，从外表来看，他比我还要健康。

你帮助他卖画，他很感激，我也替他高兴。

他这个人很风趣，倘若跟他朝夕相处，我有信心能够安贫乐道。他来到这里以后，想必可以安心绘画。

我自己的画卖不出去，心里当然焦急，不过，我深信总有一天大家都会欣赏我的作品。那时候，我的画就会很值钱了。

有一段时期，我觉得身体不舒服，但高更来了以后，我就安心了，我担心生活费的压力会剥夺我的健康。又不想让你多费心，所以才感到苦恼。

我们住在一块儿，相安无事，每个月的花费不超过250法郎，有些画具可以自己来制作，这样还能节省一笔钱。你不必再担心我们的生活了。

就这样，他们俩形影不离，埋首于绘画，一块儿上葡萄园，画《摘葡萄的女人》。

凡·高目不转睛地注视着高更的画法。

他俩的作风各有不同，高更是在画布前再三思考和计算之后，才开始动笔。凡·高却匆匆忙忙地下手，然后才修改，这样当然会浪费不少的材料。

相处了两三个星期，他们彼此都已看出双方性格上的差异。

高更的态度一直很冷静，常常是满怀自信，不慌不忙。 而凡·高却始终热血沸腾，坐立不安。

"高更真不愧是伟大的画家！"凡·高每念及此，就闷闷不乐起来。

"高更虽然称赞我的几幅作品，但其他作品怎么样呢？"

高更仅仅是口头上的赞赏，从来没有激动地啧啧夸赞过，有时候，甚至还不客气地予以尖锐的批评。

由于凡·高一向尊敬高更，就像新兵对老兵一样，总是侧耳倾听不敢动怒。

"你的画缺点很多，不算十全十美。"

这是高更的评语，他总是喜欢这样说。

凡·高多半都能诚恳地接受。 不过，文森特·凡·高到底也有自己的脾气，有时候也会在意见上不合，发生冲突。

关于这一点，高更写信给贝尔那尔说：

> 我跟文森特的风格相反，尤其在绘画方面，难得出现相同的想法。 他极力称赞都德、卢梭，我的想法就不同啦。 他讨厌安哥儿、拉华埃、杜加等人，我则非常欣赏这些人。
>
> 为了能够融洽相处，每当发生争论时，我只好说："老兄，你说得对。"他很喜欢我的作品，每当我绘画的时候，他总喜欢在旁边啰嗦，我就讨厌这样……

凡·高的烟瘾很大，满屋子烟雾弥漫，有时两个人会不停地争吵。

"高更，我很疲倦，脑子糊里糊涂的，请你让我睡一下好不好？"

"你要设法振作一点嘛。"

"不可能，我的头脑愈来愈混乱了。"

"废话，文森特，你只是营养不良而已。"

"不，我想安静一下。"

"简直是胡说嘛！"高更大声叫嚷起来。 那该怎么办呢？凡·高嫉妒高更的健康，已经变得有些神经兮兮的了。

高更依然忙着画那幅肖像——《画向日葵的凡·高》，心里却不停地叫道："文森特有了惊人的进步，他的向日葵……真是一朵栩栩如生的花……"

# 割耳的悲剧

**凡**·高讨厌的季节来临了。

外面寒风刺骨，坐在野外写生实在难受，两人都无精打采地回到画室里，整天彼此对看，真不是滋味。

以前，凡·高几乎每天写信，有时候早晚各发出一封信给德奥，自从高更来了以后，他便不再有兴致写信，除非是非写不可。

播种者(1888.11)

德奥弟：

最近，我跟高更提到莫奈那幅画——日本式的大花瓶中插着向日葵，画得很美，但他却说更喜欢我的向日葵。

我不信。 40岁以前，如果能完成这样一幅不朽的画，我想就一定可以在艺术界占一席之地，所以，我不气馁。

我们昨天到蒙贝利埃美术馆去，观赏了杜洛库罗阿、谷尔贝、杰欧特、波杰利等人的作品，如同进入了魔法世界。

我跟高更讨论了杜洛库罗阿和林布兰的作品，我们讨论得很激烈，讨论完毕时，我的头就像枯萎的花朵，非常疲惫。

我感觉得出来，高更对阿鲁鲁的街道和这栋黄色之家，尤其是对我这个人，似乎有点不满。

寒风细雨和肃杀冰冻的日子接连不断。

高更常对凡·高发表很多扰人的议论，有时还会莫名其妙地唠叨、指责一阵，这样使凡·高更加不安。

"高更不是说完了吗？他给我画那幅《画向日葵的凡·高》，岂不是临别纪念物吗？这样一来，我的梦岂不是破灭了？"

肉眼看不见的烟雾，在两人之间逐渐浓厚起来。

这是暴风雨前夕的片刻宁静。

两个人好像兴致勃勃地在谈笑，好久没有看见他们吵嘴，俨然一对难兄难弟。

12月14日，高更完成了《画向日葵的凡·高》。凡·高望望画中自己的脸，接着说出一句令人深感意外的话："果然是我，但却像发了疯似的。"

次日是圣诞节，两个人共同到一家咖啡厅

满天星斗下的罗纳河(1888.9)

喝酒，突然间，凡·高把手上的杯子对准高更的面孔砸过去。

幸好高更灵活地把身体一闪，杯子落地摔得粉碎，凡·高便摇摇摆摆地走出店门。

高更耸耸肩，随即离开了咖啡厅，回到黄色之家后便走进房里睡着了，不久凡·高也回来睡觉了。

第二天早晨，凡·高睁开眼睛，已不记得昨天做过什么事，只意识到自己一定对高更有过不礼貌的举动，他猛烈地摇头。

凡·高忍不住问道："我昨天对你做了些什么？"

高更说："我不在乎昨天的误会，我会原谅你的。不过，今后如果再这样的话，我恐怕压制不住自己的情绪，说不定会杀了你。我准备写信给你弟弟，我要回巴黎了。"

高更开始收拾行李，用过晚餐，为了解闷，就一个人出去散步。当高更穿过拉马奇诺广场时，发觉后面竟有人匆忙地追来。

回头一看，只见凡·高手持一把匕首，睁着血红的双眼，飞奔过来。

"你要做什么？"高更大声叫嚷，并以威严的目光（好像喷火的火山，这是后来凡·高说的）瞪着凡·高。

凡·高蓦然一惊，停住脚步，低垂着头，一转身又拔腿跑回家去了。

"不能再跟他住在一块儿，即使是一晚上也不行。"高更想到这里，就走进一家旅社，找好房间，躺下去呼呼大睡。

凡·高回到自己的房间，由于情绪十分激动，头脑昏昏沉沉的。但一想到自己粗暴的行

凡·高卧室(1888.10)

为，恐惧之余，又恍惚失神起来，他突然用手上的匕首割下自己的左耳，当时血流如注，他自己包扎好伤口，戴着帽子，走出家门，到一位熟悉的妇女家去。

他把割下的耳朵放在信封里，递给那个女人说道："这是我送你的纪念品。"

说完话后，他就晕倒了。

那个女人吓了一大跳，立刻通知凡·高的那位邮差朋友鲁朗。鲁朗赶紧跑来，抱起凡·高回到黄色之家。

这的确是一个惊人事件。次日清晨，几个警察便跑来调查，这件事轰动了整个阿鲁鲁镇。

早上，高更走出旅社，回到黄色之家的门前，只见围着一大群人，议论纷纷，声音嘈杂，其中还有几位警察在那里。

"发生了什么事吗？难道是……"

他挤进人群，一个穿着制服的人猛然抓住高更的手腕。原来是警察局局长：

"你到底怎么对待这个朋友的？"

"我什么也不知道。"

"胡说，你的朋友死了。"

高更吓了一跳，心想："文森特死了？为什么？"

心里镇定了一下，他才把这几天的经过说出来。

"是吗？还是进去吧，到里面好谈话。"

高更走进房里，看见椅子和床上都是血迹。凡·高睡在床上，好像蛇一样蜷缩着身体。

高更走过去，用手轻轻地抚摸着凡·高的身体。

"幸好身体还是温温的，文森特没有死。"

"哦，还活着吗？赶快把医生和马车叫来。"警长慌慌张张地叫喊。

高更坦诚地把两人相处的这段经过一一说了出来，同时给德奥发了一封电报。

"如果他醒过来，请你们转告他，我已经回巴黎去了。如

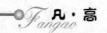

果他看见我，说不定又会发生什么事哩。"

高更说完后，就走出房去。

过了一会儿，凡·高睁开眼睛，一遍遍地问："高更到哪里去了？高更呢？我想见见他。"

但高更已不见了踪影。凡·高的心头一阵难过，他央求道："请把香烟和烟管递给我。"

不久，马车来了，凡·高被抬进车里，送进医院。

凡·高又变成了孤零零的一个人，而且发疯了！

# 阿鲁鲁医院

**德** 奥接到高更的电报，吃惊之余，立刻赶来阿鲁鲁镇。"我大哥的病怎么样啦？"

德奥很担忧地问医生，雷伊医生把病情详述一番："进到医院后病情发作，双脚颤抖，一面叫嚷一面唱歌，我们只好把他送到隔离病房，我想这是癫痫症的一种。"

"他的耳朵怎么样？"

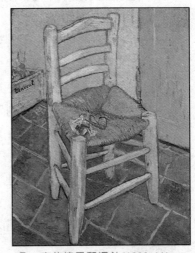

凡·高的椅子和烟斗（1888.11）

"伤痕快好了，左耳并没有完全割掉，只割下一小叶及外耳的下半部，我本想把割掉部分给他缝合起来，但警察迟迟不来，所以不能动手术。"

"原来如此，谢谢你。务必请你帮帮忙，把我大哥的病治好。"

雷伊医生看到他们手足情深，内心也非常感动，就爽快地表示："我一定会尽力而为。"

德奥放心了，就去拜访邮差鲁朗。感谢长期以来他对大哥的照顾，同时也请他今后还要多多帮忙。

"你放心好了，以后由我来照料他，你放心回巴黎去吧。"

对凡·高来说，鲁朗无异是第二位但琪叔叔。

德奥不能在此久待下去，巴黎方面很多事情要他回去处理。刚好这时候，他必须回去完成婚约。

雷伊医生和鲁朗全都慷慨地答应帮忙，德奥才安心地回巴黎去了。

也许是雷伊医生照顾得法，凡·高的病情日见起色。

从入院第四天起，他就从铁栏杆的单独病房转到另一间较大的普通病房。

那儿有白色窗帘，两张并排的床铺，整天有油灯照明，中央有暖炉，病况轻微的患者都在聊天解闷。

高更的扶手椅(1888.12)

凡·高的饭量很好，很快就恢复了健康。

德奥弟：

　　这封信是在雷伊医生办公室里写的。医生跟我谈了一会儿，叫我写信告诉你我的病情已大有起色，以便让你安心。

　　医生推测我的发作只是一种暂时状态，我非常高兴。

　　我暂时住在医院里，心里却很想回去。好朋友鲁朗很担心，他极力劝我忍耐。

鲁朗待我亲如家人，但愿他永远做我的朋友。

出院之后，我打算再到街上去走走。明朗的好季节快要来临，我多么期望在百花盛开的果园里写生啊！

德奥弟，你从那么远的地方跑来看我，我很感激，也十分过意不去。反正我在这里很好，请你不必再来啦。

我唯一要拜托你的是不要担心我。因为这是令我痛苦的最大原因。我的健康情形，你尽可放心。

德奥弟：

我反复读了你描述的有关跟波肯尔家人（跟德奥订婚的女子的家属，其未婚妻名叫约哈娜·波肯尔）见面时的那封信，信写得好极了。

虽然不幸的事情令人无可奈何，但由于我的事而令你迟迟不能完成婚约，我深感抱歉。请你将此事转告波肯尔家属。

我的遭遇，只不过是艺术家的悲剧。我的动脉被切开，血止住了，高烧也退了，目前食欲大增，消化极佳，精神日益饱满，头脑也很清醒。

1889 年 1 月 1 日，鲁朗向雷伊医生请求让凡·高到街上玩一天。

两人并肩走进黄色之家。

房间早就由鲁朗和德奥小心整理干净了，凡是会让人触景生情的东西，已经全部搬走。只见凡·高靠着墙壁，

凡·高割耳后住进的医院

注视着自己的画。 接着，兴致勃勃地自言自语起来："在我以往所完成的那么多作品里，这些画是最出色的。"

1月7日，凡·高经医生允许，办理出院手续。

德奥弟：

我今天出院回家，跟鲁朗一块儿吃午饭。

鲁朗奉令调往马赛，21日起程，因为待遇没有调整，不能携带家眷同行。 如果想在马赛合家团聚，恐怕还要等待相当一段时日，难怪他们夫妻很伤心。

据鲁朗夫妇说，房东趁我住院时干脆把黄色之家售给了一家香烟店，我听了很恐慌。 因为房子内外都被我粉刷一新，瓦斯也是我装配的，长时间没人住，好不容易整理干净，现在居然换了主人，真是做梦也没想到。

凡·高虽然回到家里，却仍然无法安心，夜晚辗转难眠。即使偶尔入睡，也是噩梦连连，所以常常离开床铺，在房里走来走去。 他把棉被和枕头放在一堆，彻夜失眠。 在这种情况下，自然会想到已经离去的高更。

德奥弟：

很久不曾执笔写信了，首先，我常回忆与高更的友情。 躺在医院里，全身发高烧，身心疲惫，但对高更仍念念不忘。 难道我曾威胁过他吗？ 为何他不来信呢？

你看过高更带回去的那幅肖像吗？ 只要你看见那幅我的肖像，就不难明白高更来到这里的心情很安宁。

我准备明天开始作画，先画一两张静物，恢复绘画的习惯，此外，我还打算给雷伊医生画一幅肖像。

德奥弟：

早晨，我到医院去擦药，换伤口的纱布，并跟医生一块儿散步一个半小时。我们交谈的内容很广泛，甚至提到博物馆方面的问题。

在我卧病期间，宋德尔特村的老家、附近的羊肠小径、庭院树木、周围的麦田、邻居、教会、内院以及墓地旁边的鸟巢等，逐一呈现在我的梦中。

关于那个地方的回忆，我比任何人都要深刻。到目前为止，除了母亲以外，没有人能够回忆起当地的情形了。

你若结了婚，我也会感到幸福无比。如不能把我的作品放在高比尔商会的话，我倒希望把那两幅向日葵摆在那里。

我想这两幅画大概能够引人注目，因为这种作品会让人愈看愈有味。

## 消失的画室

**凡**·高站在镜子前猛叫起来："那个耳朵负伤、口含烟斗的男子是谁呀？"

当然不是别人，他就是那个发疯的画家——凡·高。可是，他的脸上却出现相当悲哀的神情！

起先，凡·高还不知道自己那时发疯了，后来才慢慢明白过来。

"但愿这件事不要影响到德奥的婚姻。"凡·高担心起来。

1月9日，他得知德奥前往阿姆斯特丹跟约哈娜·波肯尔小姐正式订婚的消息，不禁松了一口气。

健康恢复之后，身上的钱也没有了。住院费、护士的酬金、家具的欠款、洗衣服和床被的费用都得支付，无奈口袋里早已空空如也。

好不容易向朋友借来5法郎，勉强支持了几天，不久又是一连串断炊的日子。

德奥弟：

　　不论怎样穷困，我还是又开始工作了。我已完成了两幅自画像和三幅静物画，其中一幅是素描烟管、火柴盒、你的信封、葡萄酒瓶、一本书和蜡烛台。此外，就是雷伊医生的肖像，那是我准备送给他作纪念的。

　　情绪虽然有些忧郁，对生活和工作却没有多大妨碍。只是身体很虚弱，有点不安和惊慌之感。

　　医生说，那种病情发作之后，对待事物容易伤感，必须补充充分的营养。

雷伊医生虽然接受了凡·高赠送的肖像，但心里似乎并不满意。他想："这些混合颜色是什么？胡子、头发和额头部分全用绿色和红色，果然是疯子的绘画。"

医生把画带回家去，他的家人看到这幅画，无不出言讥笑。医生的母亲更是怒骂起来："这是你的肖像？凡·高这个疯子画的东西，难道你能挂起来吗？这种脏东西，赶快扔掉。"

这幅作品果然被摆在堆杂物的房子里了。

1889年1月17日，凡·高好不容易收到德奥汇来的55法郎。轻松之余，又忍不住想到高更的事情。

凡·高处在穷困中仍然念念不忘悄悄溜走、始终没有露面的高更，但内心也产生了悲愤与憎恶之感。

德奥弟：

　　让我再谈谈高更的事情。那时候，他也在场，但他却说我兴奋得无法自抑，他为什么要这样说呢？

因为我不想让你受惊，就曾向他表示这只是两个人之间的事情，并一再叮嘱他别泄露出去。但他没听我的话，反而给你拍了一封电报，简直岂有此理！

高更表示要把留在此地的几幅作品跟我交换一幅向日葵，我没有答应，他已经画了两幅向日葵，不是已经够了吗？

凡·高继续绘画，作品源源不断。有白木的椅子上放着烟斗、香烟和火柴的静物画，有以鲁朗的妻子做模特儿完成的《摇篮女人》等。

他对于绘画如醉如痴，从早忙到晚，舍不得休息，画笔不停地挥动，就连他自己也感到惊讶。

22日，鲁朗走马上任，离开了阿鲁鲁镇。凡·高又孤零零的一个人了，他经常冒着寒风到野外去。

蟹(1889.1)

幸好这栋黄色之家暂时能够租住。凡·高只要一觉得发烧，就不想工作，情绪恶劣得很，这到底怎么回事呢？

"在阿鲁鲁这个地方，大家多少都有些不正常。"鲁朗常常这么说。

一日清晨，凡·高到医院去看雷伊医生。医生刚好在用剃刀刮胡子，凡·高露出怀疑的眼色。

"先生，你在做什么？"

"你不是看到我正在刮胡子吗？"

凡·高走近了说道："如果你不介意，就让我帮你刮胡子如何？"

这时凡·高的手已经触及剃刀的把柄了。

雷伊医生吓了一跳，不禁大声叫嚷起来："赶紧离开这个房间！"

吃惊的凡·高慌慌张张地跑出去了。

2月初，凡·高收到德奥汇来的200法郎，但他没有回信，他不知道自己的头脑到底是不是有问题。

一天，凡·高的身体突然不停地颤抖，他大声叫嚷起来："谁要毒死我？岂有此理。"

凡·高被剧烈的狂热冲昏了头，伸手抓起身边的东西乱丢。

早有准备的雷伊医生又把凡·高送进医院的监禁室。

2月13日，德奥很久不曾收到大哥的来信，深感忧虑，就给雷伊拍了封电报。雷伊回电说："文森特的伤势还好，目前在医院治疗中，请勿挂虑。"

过了四五天，凡·高恢复清醒，但却发出绝望的呻吟："这次实在不行了。"

他显然明白病状的发作已经不是艺术家经常发生的那种神经兮兮的毛病了。


德奥弟：

　　我的精神状况很恶劣，写信也无精打采，今天已回家了，但我仍抱着必能恢复健康的希望。

　　我觉得没有问题，才安心回家，我想这可能是本地的风土病，在尚未完全恢复之前，只好安心等待了。

　　我对雷伊医生说，如果我进入精神病院比较适当的话，干脆告诉我算啦。

　　然而，我有权利做一个画家和工人，不管任何人——包括你或医生，如果不先跟我谈妥，我就不想进去。

　　我的病情你未免想得太多了，你不必过分害怕。

一切都要按部就班，考虑太多是不能改变命运的。

只要你能平心静气地弄明白真相，我的身体也会复原的。

凡·高回到黄色之家，发现自己不在家时，有水流进房里来，画室里积满了水，画稿全都遭殃了，状况惨不忍睹。凡·高茫然地站着发呆，心想："这里的画室全毁了，连作为纪念品的画稿也完了，一切美梦全毁啦！"

在雷伊医生耐心劝导之下，凡·高经常去散步。

时光荏苒，温暖的阳光再度普照大地，季风呼呼地吹。凡·高头戴皮帽，耳朵的伤口被包扎着，身上的衣服上沾满了颜料，

凡·高的向日葵

他独自在马路上踯躅着，孩子们看见他这副模样，都跟在后面拿石头丢他，一边还在叫喊："喂，疯子来啦。"

凡·高迅速逃回家去，那些顽童毫不放松地从后面追来，围在窗口和门口，继续叫嚷："疯子，疯子。"

孩童们后面跟着一群街上的行人，也慢慢走过来，议论纷纷。

"他就是报纸上说的那个割耳朵的汉子。"

"人人说他是画家，其实是乱画一通。"

大家冷言冷语地讥笑，有的则口不择言地谩骂起来，实在令人气愤，有人甚至还对他吐口水。

起初，凡·高为了保护自己，就躲在画室的一角，忽然，他忍无可忍，匆匆跑近窗口，伸出头来大骂："我是疯子？阿鲁鲁才是疯子住的地方。"

凡·高已经失去理智了。他到处乱跑，破口大骂。

行人目睹了这种情景，也从旁添油加醋，幸灾乐祸地说："果然是疯子。"

凡·高的遭遇越来越惨，当时街上有八十多个人联名要求主管当局立刻监禁这个发疯的画家。

这时候，正巧医生不在医院里，主管单位接到民众的请愿书后，就派警察来强行将凡·高拉去监禁室，黄色之家也被封闭了。

德奥的妻子

德奥预定不久就要结婚，凡·高担心自己的事会妨碍弟弟的婚期，故不敢写信去告知真相。但弟弟却一直在担忧，于是写信来问候，凡·高只好鼓起勇气，把内心的话倾吐出来。

德奥弟：

我完全是一个正常人，绝非疯子，写这封信时的心志无异于往常。

我到底犯了什么罪？无凭无据，他们就把我关在洞穴似的房间里并派人来监视我，大门紧锁着。

我有千言万语要告诉你，倘若我的怒气发作，马上会变成危险的疯子，不过，我一直竭力忍耐着。

最要紧的是，你要很镇静地完成婚礼才对。

今后，我们一定要另寻更和平的生活方向。

说起这样倒霉的事，与其在此受罪，不如早死算了！总之，不要常常埋怨，凡事要忍耐，这是人生必须学习的教训。

果园又开始百花争艳了。

去年，凡·高表示明年春天要以百花盛开的果园作为写生对象，可惜他现在看不见这种盛况了。他心里甚至想："也许永远会被关在这个监牢里了。"

有一天，凡·高当年在巴黎的一位画家朋友夏尼克到医院来了。夏尼克曾听德奥提起过这件事，所以特地来看望凡·高。

两人见面以后，夏尼克发现凡·高还是很有理性的正常人。

凡·高并不想把自己的画让这位朋友看，但在对方诚恳的请求下，也经看管人的允许，两人便返回黄色之家去看画。

关闭的画室被打开，夏尼克一走进去，顿时被惊呆了，他想："哪里是疯人的作品？真是色彩的杰作，辉煌的表现！"

《夜间咖啡座》、《圣·玛利》、《向日葵》、《摇篮女》、《星月夜》……夏尼克站在每幅画前，口中念念有词："不得了！太伟大了！"他在画室里来回踱着。

凡·高可真是开心极了，有朋自远方来，不亦乐乎！他忍不住把积在内心的话全都倾吐出来。他把几幅静物画送给夏尼克做纪念。

一整天，两个人都谈论着绘画方面的问题。黄昏来临，凡·高脸上呈现出疲惫之色，突然，他抓住桌子上的画具想要摔出去。

"你怎么啦……"夏尼克慌忙劝阻了，然后偕同凡·高回到监禁室去。过了几天，凡·高被释放出来。

此次见面，再度唤起凡·高绘画的热情。

为了重拾旧笔，凡·高要求德奥寄画具来，又完成了 5 幅《摇篮女》。

4 月初，天气转暖，太阳普照大地，他又背起画架出门了。

凡·高每天以阿尔卑斯山做背景，开始画那迷人的果园。

不料，他的脑子又开始模糊了。因为不能思考问题，所以没有写信给德奥。

那栋黄色房子终于要关闭了。凡·高无意跟他们争吵，他听从雷伊医生的劝告，另外租了一栋房子，房东是雷伊医生的母亲。

雷伊医生

4月中旬，就是德奥在故乡完婚之时，凡·高毅然搬家了。他把家具委托给一家咖啡厅保管，绘画作品则装成两箱，寄给巴黎的弟弟。

新房子的租金虽然便宜，但没有房间能改装成画室。他觉得自己的命运多舛，到处不如意，也就随遇而安了。

一年前，凡·高满怀希望，想要画《开花的果园》，如今面对一片橙黄色的世界，他步履匆匆地向前奔去。

现在的凡·高还想做什么呢？他已没有野心，负债累累，再也无意成为杰出的画家了！

德奥弟：

　　眼前的一切都令我心灰意冷。这几天因为搬家的缘故，被许多杂乱的事扰得心烦，例如收拾破旧家具，忙着给你寄画，不过也无非都是令人伤感的事。

　　然而，最叫我有所感触的，莫过于兄弟间的浓厚感情，在漫长的岁月里，多亏你一直支持我绘画，我才能完成这些作品。这些都是你的功劳，现在我把它们全部寄给你收存。其实，这些并不足以表达我感激之情的万分之一。

　　亲爱的弟弟，你给我的热心协助绝不会白费的。这些都会永垂不朽的，但愿你今后将所有的爱献给你的妻子。

凡·高急着想去精神病院，想和跟自己相同的病患们生活在

一起。

雷伊医生说，距离此地二十五公里外，有一家设备完善的精神医院，名叫圣雷米。

"我想尽快到那里去，最好月底以前就去。"凡·高苦苦央求他。

"为什么要这样急迫呢？"雷伊医生问。

凡·高说："我已经是36岁的成人，不是小孩子了。每次病情发作，对我来说都是不能大意的。我的思考能力虽然稍微恢复，但头脑仍然很模糊，目前不能单独生活，最好马上能进入精神医院疗养。不过，我有两点要求，一件

阿尔医院的庭院(1889.4)

是允许我经常出外写生，另一件是住进最便宜的房间，以减轻德奥的负担。"

4月29日，雷伊医生携带德奥的信件前往圣雷米，可惜那里不能满足凡·高的愿望。

精神医院的院长表示，每月必须支付100法郎，这个数额比凡·高的预算多出25法郎。而且，院长不答应他出外写生。

"怎么办呢？我该去哪里呢？"失望的凡·高左思右想，无计可施。

"干脆当兵算啦！到部队混个五六年，岂不更好？"

当然，这个构想是不可能实现的。

凡·高趁此又完成了4幅果园的作品，这是令他感到安慰的事。

德奥弟：

现在想马上让你欣赏橄榄树林。除了蓝色天空和橙色的大地外，还有绿色的橄榄树叶……这些都足以令你想起童年时代的家乡。

橄榄树叶随风吹动的声音十分神秘，也能令人想起遥远的童年。

明天是5月1日，也是你的生日，像你这样的年龄，健康最重要。

凡·高画完医院的庭院，想把这些画送给医生，当做感谢的纪念品。

"凡·高先生，你别客气啦，我已经心领了。"雷伊医生慌忙拒绝，如果把这个病人的画带回家去，难免又会挨一顿骂。

一位医院药剂师刚好从门前经过，雷伊医生问他："凡·高先生想把画赠给我们，你觉得怎样？"

"接受这种人的画，难道不会倒霉吗？"

药剂师板起面孔，断然拒绝了。

最后，他们把画交给了医院的会计人员。这位会计刚好喜欢绘画，所以很高兴地接受了。

德奥来信表示，无须担忧入院费用，凡·高非常感谢，因此，他决心前往圣雷米。

5月8日，凡·高毅然出发了。

**★资料链接★**

## 《星月夜》

《星月夜》是凡·高最有名的画作之一。它独特的风格让人一眼就可以认出是凡·高的作品。

挚爱深夜的凡·高在圣雷米的初期（1889年6月）所画的这幅《星月夜》是凡·高深埋在灵魂深处的对世界的感受。在这件作品中，闪烁于蓝色夜空中的星星格外引人注目。每一颗大星、小星都回旋于夜空中，月亮也形成一个漩涡，星云与棱线宛如一条巨龙不停地蠕动着。暗绿、褐色的柏树像一股巨型的火焰，由大地的深处向上旋冒；山腰上，细长的教堂、尖塔不安地伸向天空。所有的一切似乎都在回旋、转动、烦闷、动摇，在夜空中放射出艳丽的色彩。

星月夜(1988—1889.6)

　　这幅油画是凡·高所画的为数不多的，不靠直接观察对象，而用虚构的形与色，凭想象创造某种气氛的作品之一。那些入睡的小屋，伸向深蓝色天空的柏树，黄色的星星和闪着亮光的橘黄色的月亮所形成的漩涡使天空变得活跃起来。体现出了内心紧张的幻想，是发泄无法抑制的强烈感情的创造性尝试，而不是对周围大自然平心静气研究的结果。

　　这幅画展现了一个高度夸张变形与充满强烈震撼力的星空景象。给人的视觉带来了巨大的冲击，让人难以置信，但又惊奇不已，大约是画家在幻觉和晕眩中所见。在这幅画中，天地间的景象化作了浓厚、有力的颜料浆，顺着画笔跳动的轨迹，而涌起阵阵漩涡。整个画面，似乎被一股汹涌、动荡的激流所吞噬。风景在发狂，山在骚动，月亮、星云在旋转，而那翻卷缭绕、直上云端的柏树，看起来像是一团巨大的黑色火舌，反映出画家躁动不安的情感和狂迷的幻觉世界。

　　凡·高在这里并没有消极、被动地沉溺于他那感情激流的图像中。他能将自己作为一个艺术家而从作品中抽离出来，并且寻找某种方式，用对比的因素与画面大的趋势相冲突，从而强化情感的刺激。我们在画中看见，前景的小镇是以短促、清晰的水平线笔触来描绘的，与上部呈主导趋势的曲线笔触，产生了强烈的对比。那点点的黄色灯光均画成小块方形，恰与星光的圆形造型形成鲜明对比。教堂的细长尖顶与地平线交叉，而柏树的顶端则恰好拦腰穿过那旋转横飞的星云。

　　这幅画中呈现两种线条风格：一是弯曲的长线，一是破碎的短线。二者交互运用，使画面呈现出炫目的奇幻景象。在构图上，骚动的天空与平静的村落形成对比。柏树则与横向的山脉、天空达成视觉上的平衡。全画的色调呈蓝绿色，画家用充满运动感的、连续不断的、波浪般急速流动的笔触表现星云和树木。在他的笔下，星云和树木像一团正在炽热燃烧的火球，奋发向上，具有极强的表现力，给人留下深刻的印象。

# 为绘画献出一生

　　我认为这是伟大艺术家人生经历中的一幕悲剧……他们往往在作品被公众所认可之前便死了。在他们活着的时候，遭受着各种障碍与困难的压迫，为生存而不断地斗争着。

——凡·高

# 宁静的疗养院

**阿**鲁鲁医院的随行牧师莎鲁指着一所古老的寺院说道："前面就是疗养院了。"

经过圣雷米约 1 公里左右，在盎吉克高原分道，道路的两旁都是松林。走了不久，就是圣雷米疗养院了。

19 世纪初，精神病学者杜克多尔·美玖朗在寺院里设立了一所疗养院。起初，人满为患，但当凡·高来到的时候房间已空了不少。

现任院长叫做杜克多尔·贝伦。凡·高掏出自己的诊断书，把以前的病状坦率而详尽地予以说明，同时，也交代自己的家族病史和个人经历。

"院长，我母亲的兄弟及其他亲戚中，就曾有人患过癫痫症。"

贝伦院长将这些资料记录下来，然后办理手续，让他入院。

凡·高的心情平静下来之后，慢条斯理地说："院长，不瞒你说，我是画家。来到这里，理应遵守医院的规则，不敢奢求特别待遇，但当我一切正常的时候，可不可让我绘画？"

院长沉思了片刻，点点头说："好吧，让你在楼下的一个房间里绘画。"

"谢谢，这样我就安心了。"凡·高鞠躬致谢。

"好极了，凡·高先生。"莎鲁牧师也禁不住高兴地说。

"多谢你和雷伊医生的帮忙，请你回到阿鲁鲁医院之后，向诸位问好。"

"你放心好啦。"

莎鲁牧师回去时，凡·高望着他离去的背影发起呆来。

从此，凡·高不得不在这个与世隔绝的疗养院里孤独地生活。

事实上，凡·高一直过着这种形单影只的日子，即使偶尔跟朋友相聚，命运也硬将他们分开。

他以前还怀着些希望，现在是否要永远住在这儿呢？

圣·雷米疗养院内景

德奥弟：

来到这里，情况很好。在这里可以看到形形色色的疯子，但我并不觉得恐怖。

我的房间很小，墙壁上贴有灰色与绿色的壁纸，窗户上有蔷薇色的窗帘。

窗户装设了铁栏杆，放眼眺望，是一片麦田，太阳发出万丈光芒。

这里共有30多间病房，其中一间我可以当画室用。

伙食还好，饭量都是固定的。这里就像巴黎的廉价餐厅和宿舍的伙食一样，稍带苦味而已。这里的病人无事可做，他们不读书，只会玩牌或打弹子。

雨天，我们的房间就像乡下车站的候车室一样，病患里面经常有戴着帽子和眼镜、手持拐杖和穿旅行外套的人，就像立即要出外旅行似的。

他们也经常发生吵闹和争执。幸好管理员很了解这种状况，他们病情发作时，管理员就心平气和地协助他们排难解忧。

起先，凡·高对他们深表同情，不打算加入他们。他心里想："我在此跟他们不一样，至少我不是等死，我是为了要医治疾病，希望一切都重新开始。"

不过，贝伦院长对医院工作不太热心。他几乎不为患者治疗，一切工作都由修女和管理员负责。

阿尔医院的病房（1889.4）

一星期里，他们只对凡·高治疗了两次，也就是两小时而已。

建筑物、庭院、瑞士式的牛栏、牧场等都呈半废弃状态。凡·高常在庭院搭起画架作画。

德奥弟：

　　来到这里以后，我常在几棵大松树下画那些乱草丛生的庭园，一次也不曾出外写生，所幸此地的田园风景极佳，我打算慢慢走出去看看。

　　我会寄4幅田园风景画给你，让你知道我在这里的情况不坏。总之，此地的阳光始终普照着大地。

　　我昨天画了一只大鹅，因为它的颜色太漂亮了，为了要仔细把它画好，我不得不杀死它，说起来怪可怜的，但它的确非常美丽。

　　你若收到我的画，不妨各送一幅给高更及贝尔那尔

当作纪念。

1889 年 6 月初，贝伦院长透露了一个好消息，他允许凡·高到野外写生，但得有监视人跟随他。

麦田和罂粟(1889.6)

这里的季风不像阿鲁鲁那样强烈，凡·高很注意在大风中摇动的松树，他兴奋得大声喊叫："高耸的松树，像埃及的古树那样壮观！"

他一面陶醉在这种景色里，一面忐忑不安："当初到阿鲁鲁的热情又恢复了吗？不行，我现在不能沉迷在工作里，倘若再发作一次，一切就都完了！"

德奥弟：

因为一直过着舒服的日子，我又着手于新的作品了。我完成了 12 幅画，其中有两幅是极不容易配色的松树，我把前景配上另一种色调，衬托出坚硬的地面，然后再加上其他色彩。

这样作画诚然令人劳累，不过陶醉于画景里，也就不觉得疲倦了，请你不必担心。

以前，每当我作画完毕，总是无聊得要死，这是怎么回事呢？一想到自己有病在身才来此疗养，就忍不住害怕起来，而且什么也不敢想了。

这证明我的头脑有毛病。然而，我希望再次恢复健康，成为有用的人，至少要画些更好的作品。这种意念会让我很快便振作起来，请你放心。

凡·高
Fangao

德奥弟：

今天，我在烈日下坐在麦田里绘画，一点儿也不觉得辛苦。阳光闪闪发亮，放眼所及之处，麦田尽是一片黄色。

这里根本看不见油菜和荞麦，谷类也没有我们故乡的多，我不断地画那些开花的薯麦田、菜园和麻田。这里也看不见茅屋、栈房和杂树等。

我再给你寄一打素描去。麦穗、松树、蓝天和罂粟等恐怕是最好的景色了。

昨天，我跟医生聊天，得知必须再忍耐一年才能把病治好。

最近，凡·高的作品逐渐回到学习时代的风格了。线条弯曲，呈波状形，颇似生命的节奏；松林耸立，黑黝黝地，而罂粟则像鲜血似的在麦田里呈卷曲状，繁星也在夜晚的天空发出黯淡的光辉。

节奏，真是宇宙的节奏！这是凡·高卓越的画法吗？还是疯子的幻想呢？

## 埋首在绘画里

**7**月5日，凡·高得知德奥的妻子不久就要生产了。

德奥的妻子在信上说："如果产下男孩，我打算给他取名为文森特。"

凡·高是否感到欣喜呢？恰恰相反，他觉得自己是个罪人，想到一个初生婴儿将与自己取相同的名字，心里不禁沉重起来。

德奥弟：

今早收到约哈娜的信，得知一大佳音，恭喜你。

我知道你们对于孩子的未来一定有妥善的安排，我也替你们高兴。

但是，我认为你们给未来的男孩，也许是女孩最好取和父母相同的名字，或者取祖父德奥特的名字也可。

柏树(1889.6)

凡·高获得院长的特别允许，请了一天假回到阿鲁鲁去取画具以及留存下来的作品。凡·高和看护人员前往莎鲁牧师的家，不巧他休假外出了，后来凡·高又去医院拜访雷伊医生，不料，他也出去度假了。

于是凡·高就趁机拜访阿鲁鲁的朋友，其间包括当初在医院帮助过自己的人和邻居老太太。在久违的情况下，大家都很热烈地欢迎他。

"这里还算很有人情味，那么下次再来一趟吧。"凡·高的心情总算开朗起来了。他把作品捆成一个行李，循着原路踏上归程。

数天之后，凡·高到离医院不远的地方画石矿场的风景，那儿有五六株橄榄树搭造的黑色小屋，季风一刮起，蝉也瑟瑟地叫个不停。石矿场上到处是呈现着红、黄等色彩的岩石。

突然间，凡·高握着画笔那只手颤抖起来，目露凶光，他担心会发作得很厉害，忍不住发出野兽般的吼叫。

监视人闻声赶来，抓住病情发作的凡·高，把他扶回医院去。

有整整 3 个星期，凡·高犹如生活在黑暗世界里。各种声音、色彩和形状像松树枝般地在燃烧，也像夜晚的繁星一样闪亮。

到底处在梦境还是在清醒的状态呢？从无意识的深渊里，他似乎看到故乡的原野、柳树、运河、吊桥。啊，还是回家乡去吧，南国地方太差劲啦！

病情发作的时候，由于嘶喊得太厉害，凡·高喉咙发炎，在这四五天里，无法吞食任何东西。

自画像（1889.8）

幸好头脑逐渐恢复清醒，接着，他的身心也康复了。

贝伦院长下令把楼下的画室关闭，同时禁止凡·高绘画。对于凡·高来说，这无疑是极大的痛苦。

凡·高写信给德奥，请他拜托院长允许自己绘画，因为绘画是治病的最好方法。

凡·高似乎明白自己的病在有生之年是治不好了。他想："管他的，我奋斗到死为止。除非四肢不能动，否则我一定会拼命画画，创造自己的作品。"

"反正在法国南部待不下去，返回北部也许发作起来不会那么厉害，如果不能回到祖国，巴黎也不错，或者跟高更、贝尔那尔在一块也行，总之，还是回北部去吧！"

经不起德奥的苦苦哀求，院长终于又允许凡·高绘画了，但要怎么画呢？

凡·高最喜欢夏季，但是他一张也没有画成，又觉得苦闷、无聊。他认为在这里的费用太贵，同时，也不想跟其他疯人鬼混下去了。

病情好转以后，院长给凡·高吃了点儿肉和葡萄酒。这样一来，凡·高又有充沛的精力了。

"从以往的经验来看，大约每隔 3 个月就会发作一次，所以，下次的圣诞节前后是危险期，在此以前，得好好工作才是。"凡·高暗自下了决心。

德奥弟：

　　光阴似箭，秋天转眼就要将过去了，接着就是寒冬。

　　昨天，我望着窗外的景色，接着就把它画了下来。黄色的麦田，自有一番迷人之处。麦田上还出现了月亮，病情发作的前几天，我还在画《割麦的人》。

割麦人（1889.9）

　　这幅画稿全属黄色，用去不少颜料，主题明确而单纯。因为我把那位割麦的男人画成一个好汉——在暑热下，如同对付恶魔般地与自己的工作奋战——纵使望见死亡的影子也不怕。

　　但在这死亡中，什么悲哀也没有。那条好汉在金光的洪水中跟着太阳向前走。啊，我相信眼前是一个新的光辉的时代。

　　我打算埋头工作，看看圣诞节前后会不会旧病复发。过了圣诞节，我就要离开这个被监视的地狱，回到北方去。

是工作胜利，还是疾病胜利呢？凡·高决心要试试看。

凡·高在思乡之余，也忍不住写信给年迈的母亲。

妈妈：

　　如果您看见我寄去的肖像，想必知晓我的近况。我虽曾在巴黎、伦敦及其他大都市生活，但是，我的样子仍像当年宋德尔特村的农夫，只是那些农夫也许比我更有益于社会。我也像农人在麦田里耕耘一样，努力于自己的工作。

自画像（1889.9）

　　凡·高热情高涨，他相信自己会愈来愈进步，也陆续完成了不少作品。

　　可惜的是不能到医院外面写生，这是最难受的事。有一天，凡·高突然向院长要求："我弟媳生产时，让我回巴黎去吧！"

　　院长无可奈何地回答说："不行，至少还要等一段时间。"

# 卖出一幅画

等到10月，凡·高终于解脱了。院长允许他一周外出两三次，写生或散步都可以。

　　在这迷人的秋天里，凡·高又开始画橄榄树了。他自言自语地说："要忍耐呀，必须忍耐呀！"

　　11月初，凡·高为了买画具以及付保管家具的费用，再度回到阿鲁鲁村去。

　　他去拜访了莎鲁牧师和其他朋友，度过了愉快的两天假期。

这时候，他了解到阿鲁鲁到巴黎的火车费仅需 25 法郎。于是他想马上出发，但一摸口袋，却空空如也，十分失望。

凡·高返回圣雷米后，内心感到不安起来："会不会像上次一样，是病情发作的预兆呢？"

幸好，没有发生任何事，凡·高又继续绘画了。《医院的花园》、《医院》、《松树》、《护士长》……纷纷完成了。画布用完了，就描摹米勒的《田园》及其他画家的代表作品。

医院的花园(1889.11)

严冬来临，寒风刺骨，有一天早晨，雪片飘舞起来了。

圣诞节——病情发作的预测日期。果然不出所料，又发作了两次，幸好短时间就复原了。

凡·高心里暗想："如果不再发生意外，我就继续作画，绝不能再浪费时间。"

凡·高准备把这里要作的画结束后就回祖国去。

为了感谢此地几位朋友的友情，他把两幅画送给鲁朗当做纪念品，那就是《橄榄树下的白色家屋》和《麦田》。

不料他的病又开始发作了，此次时间稍微长些，他暂时无法写信，贝伦院长只好将此事转告德奥。

1890 年 2 月 1 日，凡·高收到德奥的来信：

> 贝伦来信说你的病又发作了，大哥实在够可怜的！一直没有治好，真是遗憾。此次跟上次一样，很快就会复原才对。
>
> 在我们的幸福生活里，你的病情发作犹如一块乌

云。 我太太最近生下一个白胖的男孩，虽然生下来时哭得厉害，但这是健康的象征。

如果你看到我的妻子和孩子，一定会很高兴的，我想把儿子也取名做文森特，希望他将来像你一样成为勇敢而有耐心的人。

这段时间以来，凡·高的头脑很模糊，但当他阅读到这封信时，头脑却清醒起来。 接着给德奥回信：

德奥弟：

我虽然感觉舒服些了，但跟上次一样，头脑依然混乱，度过了几天糊里糊涂的日子，今天得知你终于做父亲了，而且母子平安，欣喜万分，这对于我的健康也极有帮助。

开花杏树(1890.2)

我想母亲一定更为高兴。 为了纪念父亲，何不把孩子的名字取做德奥特呢？

我准备立刻着手画一幅《开着白花的巴旦杏》，准备寄给你们挂在寝室里。

不久后，凡·高接到德奥寄来的一本美术杂志。 上面刊载了一位年轻诗人兼美术批评家艾尔贝鲁·欧利埃的一篇称赞凡·高作品的文章。

凡·高看完之后，觉得其中有些话好像火花般扑面而来。 例如："凡·高先生具有巨人般勇猛的双手以及女人那种细腻的神经，他是一位非常正派的真实艺术家。 他融合黄金与宝石……是一位极富幻想的色彩家，真正生活在彩色世界的画家。"

凡·高吓了一跳，同时也深感悲哀。 他想："这个人高估了我的画，这些句子应该放在高更身上才对，因为我用的不是这种画法。"

话虽如此，凡·高第一次看见自己的作品被人赞扬，身体也突然健康起来。 为了表示谢意，他寄赠了一幅画给欧利埃。

但欧利埃后来听说凡·高发疯，举止失常，就不再写文章报道他了。

2月14日，德奥来信说一位普鲁士姑娘花了400法郎买下了他的《红葡萄园》。 这是凡·高生前卖掉的唯一作品。

这是否是凡·高迈向成功的预兆呢？

不错，凡·高明天也许会声名大噪，轰动画坛，然而，37年来经历的悲剧，却不能轻易被眼前的事实所改变。

3月21日，凡·高计划再过两天就到阿鲁鲁去。

24日，他的病发作得很厉害。 大家慌慌张张把这位画家抬进马车，送回圣雷米去。

此次发作的情况最为严重，时间也最久，他几乎有两个月不能活动。

病况好不容易略有好转，他便写信给弟弟，但这时已经是4月中旬了。

喝酒的人（1890.2）

德奥弟：

我可以再度执笔写信，但速度缓慢。 头脑仍然模糊，虽然不会痛，事实上已经不行了。

不久前，作画进度还顺利，最后画好的那幅巴旦杏花——只要仔细瞧瞧，就不难明白我的进步情形。那恐怕是我最好的作品。在我众多的作品中，此幅算是我最努力、最有耐心完成的了。那时我头脑镇静，落笔慎重，但第二天，我却像野兽一样狂乱了。

我该怎么办呢？该有些什么计划呢？心里是一片茫然，不过，我一定要离开这家医院。

我已经忍无可忍了，一心想换一个环境，再坏的地方也不要紧。

德奥也下了决心，要把大哥转到法国北部的奥贝尔·欧瓦斯市，那里有一位爱好绘画的卡雪医生，这个人大概会了解大哥的个性，也许会使大哥的病情有所好转。如果情况允许，也可让大哥在巴黎停留两三天，见见自己的妻儿，然后再往奥贝尔去。

凡·高得知此计划后欣喜若狂，感激不尽。

5月14日，他在圣雷米完成了最后一幅画——插在绿色花瓶里的粉红色蔷薇花。

"好啦，我要跟这家倒霉的精神病院告别了！"凡·高向圣雷米的原野投下最后一瞥，心想永不再回来了。雨后的郊外显得分外动人，花朵盛开着。

"啊，我该再完成更多的画才对。"凡·高情不自禁地叫嚷起来。

两天后，凡·高告别了生活两年的法国南部乡村，搭上了开往巴黎的夜行火车。

火车在呜呜的汽笛声中离开了。

# 卡雪医生

**火**车抵达巴黎车站。

德奥因为担心大哥在旅途中的安危，几乎彻夜失眠，他挤在人潮中，满怀不安地等待着。

当他看见大哥步出车厢时那精神饱满的样子，才松了一口气。

"大哥！"

"啊，德奥！"

兄弟俩并肩而行，亲切地交谈。

"昨晚的情形如何？在车上摇晃了一个晚上，很疲倦吧！"

"不，一路平安。不过，一旦离开居住了两年的地方，总觉得有点依依不舍。老实说，这是最大的悲哀。"凡·高回答。

卡雪医生

"现在到我家去吧！"兄弟俩一齐上了马车。

德奥夫妻住在一间公寓的五楼，妻子正在等待丈夫回来，她知道丈夫到车站迎接大哥，来回需要相当长的时间。她担心道："难道发生什么事了吗？不知道大哥的病况到底如何！"

正在她在担心之际，传来了马车的声音。

德奥举手招呼的时候，同行的男人也面向窗户，挥手微笑。她立刻认出，他就是大哥，跟自画像一模一样，于是也微笑着举手回礼。

一会儿，两个人走进房来。 约哈娜颇感诧异，因为眼前这个男人并没有任何异样，她也就安了心。 她觉得大哥似乎比丈夫还要健壮呢。 德奥的脸色苍白，且有咳嗽的毛病。

凡·高初见弟媳妇，心里也想："很聪明的样子，不喜装扮，举止纯朴，弟弟会幸福的。"

"大哥先来看看我们的孩子吧！"约哈娜一面说，一面带凡·高走到摇篮前，注视着正在熟睡的婴儿。

"好啊，这就是我们的小文森特·凡·高啦。"

当他凝神注视着婴儿时，泪水忍不住夺眶而出。 他没有伸手去擦，又继续说道："可不能穿这么厚的衣服呀。"

德奥的妻儿

接着，凡·高在房间里巡视一周，他发觉每个房间的墙壁上都挂满了自己的画，甚至连不满意的作品也被挂在床铺、长椅和窗户边缘。

《开花的果园》、《摘橄榄的女人》、《圣雷米的大街》以及那幅受到日本浮世绘影响的《雨》……

凡·高仔细观察每一幅作品。 然后说道："这幅不行，必须修改才能更完善……"

其实，作品不只这些，还有一部分寄存在但琪叔叔的阁楼里，凡·高也去巡视了一番。

那里湿气很重，小虫到处爬行。 凡·高忍不住把但琪叔叔大骂一顿。 "怎么搞的嘛？快搬到干燥一点的地方去。"

昔日的熟人都纷纷前来探望。 但巴黎的喧闹，也令他颇为厌恶。 不久，他又每天愁眉苦脸的了。 他心中呐喊着："不行，我要尽快离开巴黎。"

5月21日，凡·高搭火车前往奥贝尔，他一路上都在想："奥贝尔是个什么样的地方呢？卡雪医生为人怎样？算了，与其幻想这些事，还不如快点画画的好。"

卡雪医生当时62岁，身兼北部铁路公司特约医师及巴黎的学校卫生监督，平时都在巴黎，一星期仅在奥贝尔住3天。

在奥贝尔，他有幢3层楼房的家，家里有17岁的儿子保罗及20岁的女儿马格丽特。

卡雪医生曾经诊治过不少画家，例如神经衰弱、幻想症等，因此，他有很多这方面的朋友。

凡·高手持德奥的介绍信来到奥贝尔村，受到卡雪医生的热烈欢迎。

自两人见面后，便觉得彼此谈得很投机，所以，凡·高有意为医生画肖像。

"现在，我带你去看房间吧。 离这里不太远，我想你一定会满意的。"

卡雪带着凡·高来到一位桑欧帕夫人的家里，她经营餐厅，凡·高就租下了她的房子，但一天得花6法郎。 凡·高只住了3天，便又在市公所前面找了一间更便宜的房子。

凡·高开始绘画了，因为很久不曾挥动画笔，无异于久旱逢甘霖。 他一分钟也不肯放松，每天完成一幅新作品。

卡雪医生经常招待凡·高到家里吃饭，彼此

奥贝尔的乡村小路(1890.5)

的友谊逐渐增进，凡·高每次去都在他家的庭院里作画。

德奥弟：

在卡雪医生家里绘画真是一大乐事。可是，经常叨扰他总觉得有点过意不去。每次在他那里吃饭都有四五样好菜，真是盛情难却，让我想起当年在故乡全家吃晚餐时的情景。

卡雪的作风确实跟我们很相似。

现在，我正在画他的肖像，头上戴着白帽子，明亮的头发、青色外套、坐在红色桌子前面，桌上放着一本黄颜色的书和一串紫色的花。

6月18日，星期天。德奥携同妻儿来到奥贝尔。凡·高到车站去迎接，并给孩子准备了一个小鸟巢。"这是伯伯送给你的小礼物。"

在凡·高看来，鸟巢才是真正家庭生活的象征。其实，幼小的婴儿哪能领会伯父的深意？

## 奥贝尔的麦田

**麦**田、森林、奥贝尔城、古老的茅屋……凡·高面对这些情景，作画的速度加快了许多，他念念有词地说："没有时间了，没有时间了……"

这时候，德奥家里发生了几件事情。

约哈娜和儿子的健康情形都不太好，德奥的信上说："因为在巴黎买不到新鲜牛奶，孩子生病时，实在麻烦透顶了。巴黎的牛奶品质不良，虽然勉强向邻居要了一些，但因处理欠佳，喝下肚后，胃肠时常患病。"

"我的妻子整天忙着照顾孩子，劳累不堪。正如大哥所说，她是一位伟大的女性，也是尽职的母亲。"

德奥自己也跟服务处的老板相处得不太融洽。

"老板近来对我不太客气，经常冷言冷语。他确实是一个小气的家伙，我打算辞职，自己经商。"

茅草覆盖的村舍(1890.5)

凡·高得知这个消息后也很担忧。 自己经常花费弟弟的钱，这样是否拖累了他的家庭呢？

"我该怎么办呢？我是没有用的人，即使活到 40 岁，我的作品能卖得出去吗？不，还是少打这个主意。 我简直无计可施，只有坐着发愁。"

7 月 1 日，凡·高前往巴黎，孩子病得很厉害，德奥夫妇也因此而垂头丧气。

凡·高表示要去高比尔商会，为弟弟的事好好跟那里的老板谈谈。 但德奥却表示要按照自己的计划开创一间画廊。

突然，凡·高想起当年弟弟寄存在但琪叔叔家里的画，由于未能妥善保管而引起自己的极端不满，德奥便说将来要搬到较为宽敞的公寓去。

许多熟人又拥着来访，包括那位年轻美术评论家欧利埃等人，凡·高虽也兴致勃勃，但同时又觉得厌倦起来，他认为巴黎的环境太嘈杂了，于是又回到奥贝尔，埋首于绘画。 但他的心情却一直很沉重。

德奥弟:

　　你们的近况好转些了吧？约哈娜也跟我们一样，忧虑真是太多了，但毕竟你们已在世界上留下了种子。

阴雨天下的干草堆(1890.7)

　　我现在只有在自己的能力范围内尽力而为，对于健康不再抱任何希望了。

　　如果我的旧病复发，你们会原谅我吧？我对于这件事一直很担心。我最后会不会陷入疯狂状态呢？事前毫无预兆，实在奇怪得很。倘若再像上次一样，入院后每月150法郎的开销，能否得到你的谅解呢？

　　承蒙你们的好意，把你们的儿子取了我的名字，但愿他将来生活愉快。现在，我的情绪很坏，暂时搁笔。

　　凡·高虽然还继续作画，但不安的情况愈来愈严重，似乎连手上的画笔都抓不牢了，他只好再去看卡雪医生，可惜医生不在家。凡·高自言自语地说："那个医生也靠不住。"

　　7月14日是巴黎的庆典节日，市公所挂着万国旗，村民们都聚集在广场上，凡·高这时忙着作画，只是奇怪街上怎么不见半个人影。

　　在奥贝尔的平原上空，大群的乌鸦呱呱地叫个不休，几乎把天空都掩盖，同时在麦田上空盘旋飞翔。"真是讨厌的乌鸦！"凡·高一面自言自语，一面漫无目的地走着，眼神显得十分疲惫。

　　有一天，他在卡雪医生家里看到一幅没有画框的画，就忍不住说道："这幅杰作没有框架，实在可惜！"

　　医生回答说："对，应该赶快买一个画框。"

但第二次来时，他看见那幅画仍然没有装上画框，凡·高不禁大发雷霆。

他突然把手伸进口袋，口袋里有把手枪，这是两三天前，他特地向房东借来要射杀乌鸦用的。

卡雪站起身怒目瞪着他，相持数秒后，凡·高低着头走了出去。

这几天，凡·高一直在不安的情绪下度日。

麦田上的乌鸦(1890.7)

凡·高带着一块一公尺见方的画布，爬到乌鸦蔽天的那块麦田的山丘上面去。

只见成群的乌鸦飞来飞去，他凝望着前面的麦田，但却不见农夫来收割成熟的麦子。

命运剧变的日子终于来到。

1890年7月27日炎热的下午，适逢星期天，奥贝尔的街上静悄悄的，行人很少。

凡·高爬到山丘的中途时，一位农夫从旁边经过，凡·高口里自言自语地说：“一点办法也没有，真是无可奈何！”

凡·高继续向前走去，太阳已西沉，奥贝尔城近在眼前。

凡·高从口袋里掏出手枪，对准自己的心脏扣动了扳机，一声枪响，但是没有击中要害。

凡·高倒在地上，一会儿，他又爬了起来，衬衫上沾满血迹，他匆匆走回宿舍去。

穿过大门口时，房东向他喊道："凡·高先生，饭菜给你准备好啦。"

但是，凡·高没有回答，摇摇晃晃地走入自己的房间，精疲力竭地倒在床上。

房东看到画家没有下楼吃饭，就上楼去敲门，却只听见有呻吟的声音，打开房门一看，只见凡·高面向墙壁，脸色苍白，胸膛上都是鲜血。

"我想自杀，可惜没有命中……"

房东吓了一跳，赶紧把当地的医生请来。医生赶来后，仔细为他检查了伤口。

"请卡雪医生来吧。"凡·高哀求道。

晚上9点，卡雪同儿子一起赶来了。卡雪借着烛光检查伤口，认为虽然不会马上致命，但也只是迟早的问题而已。

"我要通知你的弟弟，请你把他在巴黎的地址告诉我。"

"不行，我不能再麻烦德奥。"凡·高拒绝了。

一会儿，凡·高哀求着要抽一根烟，经医生允许后，他就高兴地抽起来。

星期一早晨，德奥匆匆赶来奥贝尔。是卡雪医生拜托了一位画家亲自到巴黎去通知他的。

当德奥走近床边看见大哥时，忍不住放声大哭起来。

"德奥弟，我很痛苦。"凡·高说。

"可怜的大哥！"德奥哀声痛哭着。

"不要哭，德奥，我这样做完全是为大家的幸福着想。"凡·高沉静地说道。

兄弟俩一直用荷兰话交谈。

7月28日，凡·高没有痛苦的感觉。他把香烟放在一边，忽然用荷兰话问德奥："医生怎么说？"

德奥只好把卡雪医生的话照实说出来，然后竭力安慰大哥：

"我会尽量想办法的。"

"不行，就算活着，也是无穷的痛苦！"凡·高摇头拒绝。

入夜后，他的意识逐渐模糊起来。

"我还是想死的。"这是他最后的一句话。

7月29日早晨1点30分，文森特·凡·高静静地与世长辞了。

> 亲爱的弟弟啊：
>
> 　　我把全部生命都托付给绘画了。 只要生命都浸润在绘画的创作里，我就别无所求了。

这是德奥从凡·高的房间里发现的，也是他给弟弟的最后一封信。 这表示他的生命已为绘画而燃烧殆尽，仅仅37岁的一生就此结束了。

凡·高去世后，德奥因失去兄长而日日夜夜悲痛，不幸染上了传染病。 在那以后他很快住进了疗养院。 1891年初，德奥

凡·高墓碑

的身体垮了，他本不坚强的意志在遭受了最终的打击后崩溃了，陷入了昏迷，没过几天就死去了，被葬在乌得勒支。 有人说德奥就是为了成就凡·高而生的，为凡·高的人生更添了一层传奇的色彩。

作为德奥的妻子，约哈娜同样给予了凡·高无私的支持，直至最后几年。 她的信任不仅是在生活上支持凡·高，还让凡·高的作品得以流芳百世。 在德奥去世后，她不知疲倦地为凡·高收集并保存他的作品。 此外，约哈娜还整理保留了凡·高与德奥之间的所有信件。 凡·高死后，他的作品开始被高价买走，但约哈娜仍不遗余力地将作品留在自己身边，没有分散地卖给世界上的私人经销商。 终于在她多次奔走努力下，1905 年阿姆斯特丹国家美术馆举办了凡·高画展。 1962 年在阿姆斯特丹建起了凡·高博物馆。

**资料链接**

## 凡·高博物馆

凡·高博物馆在阿姆斯特丹考斯特钻石厂的附近，门票较贵，但物有所值。 此处收藏了凡·高的许多名作，如《向日葵》、《罂粟花》、有耳朵的和没有耳朵的自画像，以及他生命中最后一年中所作的 4 幅油画；但并不是所有的作品，那幅无与伦比的《星月夜》便不在此处。 博物馆中还有许多其他人的画作展出，都是历史上"荷兰画派"的代表作。 这些油画和凡·高的早期作品一样，阴暗晦涩，仿佛失掉了所有的色彩。 想起荷兰天空中一直阴云密布，所以也无怪乎这些油画是那样地阴暗。 后人曾推断凡·高是在服了一种致幻的药物之后才画出了后期的那些作品，现在想来这种推断也是有道理的。 在荷兰的阴云笼罩下能画出那么明亮的色彩，还真有些不可思议呢。

据说，阿姆斯特丹凡·高博物馆、斯德哥尔摩国家博物馆、底特律

艺术学院曾不得不果断采取行动，将馆藏多年的凡·高"杰作"暂时请下了艺术殿堂神圣的墙面，原因是这几座世界最著名的博物馆珍藏的100多幅凡·高的油画和素描受到质疑。

卡雪医生像(1890.6)

凡·高的名作《卡雪医生的画像》曾经被印成许多明信片和画册的封面。1990年之前，几乎没有一个凡·高画展缺少这幅画。但1990年5月，又发现了另一幅《卡雪医生的画像》，并于当月15日在克利斯蒂拍卖行拍卖，仅几分钟拍卖价便升到4.95亿法郎，使它成为世界上最昂贵的油画。许多专家认为这件新发现的作品才是真迹，而奥赛博物馆中的藏画是赝品。卡雪是为凡·高看病的医生，同时也是一位业余画家，凡·高常在卡雪医生家做客，可为什么凡·高要为卡雪医生画两幅几乎一样的画像呢？一些专家认为，很有可能是卡雪医生复制了凡·高赠送给他的画像。

对于凡·高作品的鉴别变得越来越复杂，有时陷入扑朔迷离的境地，似乎没有尽头。如凡·高画的《向日葵》一直令鉴定界头疼，1987年，克利斯蒂拍卖行突然宣布将拍卖最新版《向日葵》，这条新闻很快传遍全球，这幅画以2.4亿法郎的价格被日本安田海上火灾股份有限公司老板买走。之后开始在日本进行有偿巡回展览，在不到一年的时间里，买主称已全部收回了购买成本。后来，经专家鉴定，这幅画是凡·高去世十多年后的作品，出自舒富奈克之手。《向日葵》真迹现藏于伦敦国家博物馆，另一幅《向日葵》真迹收藏在慕尼黑博物馆。

现在，人们最关心的问题是在这些签有凡·高的名字并标着天价的画中，到底有多少是赝品？经过鉴定家多年的研究甄别，在已知的700多幅凡·高作品中，发现有100多幅是赝品，这些画有待专家的进一步鉴定。

为什么凡·高的画有如此多的赝品和疑问呢？也许因为他的作品已飙升至天价，赝品的暴利驱使画商用最高级的伪造技术作假卖假。

凡·高不幸的遭遇和悲剧性的人生以及他将生命奉献于艺术追求的神奇传说也使作品蒙上了神秘色彩。凡·高在世时仅售出一幅画，而今天却成为世界上画价最高的画家。1998年，他的《自画像》以4.29亿法郎的价格售出。《鸢尾花》1987年标价3.2亿法郎，而1892年这幅画只有32法郎的身价。

鸢尾花(1889.5)

# 凡·高年表

1853 年　3 月 30 日凡·高出生在荷兰南部布拉班特的宋德尔特村一个牧师家庭。

1857 年　凡·高的弟弟德奥出生。

1861 年　凡·高画了人生第一幅素描——《猫》，但在母亲的夸奖中顺手撕毁了。

1869 年　凡·高开始了艺术经营的学徒生涯，到高比尔商会上班。

1873 年　凡·高因工作积极，受到嘉奖，调往高比尔在伦敦的分店。6 月，凡·高爱上了房东的女儿薇斯拉。

1874 年　7 月，凡·高在休假回家之前向自己心爱的女孩——薇斯拉求婚，但遭到拒绝，初恋失败。

1875 年　凡·高在失魂落魄中奉命到高比尔商会的巴黎总公司服务。但因客户服务问题与经理进行了争吵，后趁机溜走。

1876 年　4 月，凡·高被高比尔商会解雇。接着通过招聘广告找到了一份兰姆司盖小学教师的工作。后又在詹斯牧师的帮助下，当上了副牧师。

1877 年　在一家书店工作了三个月，后在亲人的资助下复习功课准备考进大学攻读神学。

1878 年　凡·高放弃入神学院的计划，在父亲的介绍下进了一所福音传道学校。结业后，自费前去玻里那玖煤矿传道。

1879 年　凡·高被教会解除任命，开始画画。

1880 年　凡·高赴布鲁塞尔学习绘画,在德奥的帮助下,认识了22 岁的荷兰贵族画家拉帕尔特。

1881 年　4 月,凡·高又回到家乡,认识家族的一位亲戚莫普,受到欣赏。夏天,认识了到家里做客的表姐凯伊,并求婚,被拒绝。年底便前往哈谷,受到莫普的欢迎。

1882 年　1 月,认识陪酒女郎库莉斯吉娜,并与其同居。他以库莉斯吉娜作模特,创作了《悲伤》。

1883 年　与库莉斯吉娜分手,赴杜雷特画画。年底回到诺恩纳父母的身边,接着画画。

1884 年　母亲跌伤,认识了前来探望母亲的邻居小姐贝海曼,单身的贝海曼主动向凡·高表达爱意。但最终因贝海曼的父母竭力反对,贝海曼以自杀告终。

1885 年　创作《食薯者》。父亲去世。因没把父亲去世的消息告诉拉帕尔特,惹怒了好友,再加上好友对《食薯者》石版画横加指责,最终两人绝交。赴安特卫普学画,被日本的浮世绘吸引并从中受到启发。

1886 年　进入一家美术学校学绘画,因不适合自己的风格,便去了巴黎。结识印象派画家,画作更加明亮。成为贝尔那尔和高更的好朋友。

1888 年　凡·高前往他憧憬的阿鲁鲁镇,开始了自己创作的黄金时期。其间邀高更来共同生活、创作。后精神失常,自己割去一只耳朵。与高更关系紧张,高更返回巴黎。

1889 年　德奥结婚。凡·高自愿住进圣雷米精神疗养院,在德奥的请求下,贝伦院长允许他继续绘画。

1890 年　2 月,凡·高卖出了生前唯一售出的画——《红葡萄园》。5 月,他完成了最后一幅画——《粉红色的蔷薇花》。德奥生子,以凡·高的名字命名,凡·高去探望德奥一家。得知德奥的经济也很窘迫,凡·高更加焦急,常常连手上的画笔都抓不牢。7 月 27 日开枪自杀,生命垂危,7月29日与世长辞。年仅37岁。

1891年　德奥在凡·高死后半年也去世。

1893年　凡·高部分信件发表。

1905年　阿姆斯特丹国家美术馆举办了凡·高画展。

1962年　在阿姆斯特丹建立了凡·高博物馆。